経済学よみとき図鑑

お金にまつわる疑問を経済理論で解明する

東洋大学経済学部教授 川野祐司 [監修]

ナツメ社

は じ め に

「日本経済はどうなるのだろう。大丈夫なのかな」

ふとそんな疑問がわいても、腰を据えて調べたり、学んだり
する時間も余裕もない人が大半でしょう。経済学には「難解」とい
うイメージがあり、敬遠している人が多いのも事実です。

そこで本書では、誰もが日常で抱く素朴な疑問を起点として、
経済学の基礎的テーマをわかりやすく図解しながら読み解いて
いきます。ネコの先生が案内役を務めますから、子ネコとともに
気軽に楽しく学ぶことができます。

経済学の初心者が読み進めやすいつくりに加え、ミクロ経済
学とマクロ経済学、国際経済学にとどまらず、戦後の日本経済
の歩み、環境と資源、経済学の新たな潮流まで網羅しています。

最近の若い世代はとくに、社会課題への関心が高いといわれ
ます。環境と暮らし、差別、格差、人権、SDGsなどについて
真剣に考え、自分たちがこれから生きていく世界がどうなるのか、
不安に思っている人も多いことでしょう。

経済学の基礎を学ぶことは、未来を考える手がかりを得るた
めに非常に有益です。経済は日々の私たちの暮らしとも、国の行
方、さらには国際情勢とも深く結びついているからです。

自分自身が直面している状況、そしてこの世界について、より
深く理解するために、ぜひ本書を役立ててください。

本書の楽しみ方

本書は経済学の基礎的なテーマを、誰もがもつ疑問から考え、
図を多く使ってわかりやすく読み解いていきます。

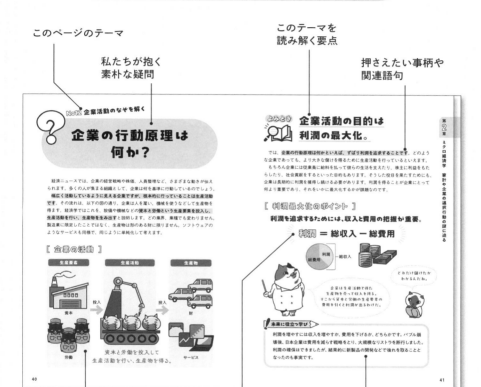

楽しく学べるように、
ひとつひとつ
読み解いていく。

そうだよ、
わかりやすく
教えてね。

もくじ

はじめに ………………………………………………………… 2

第1章 経済学とは何か

第1章で学べること ……………………………………………… 12

No1 経済学で何を学ぶのか
経済学は日常とかけ離れた学問? …………………………… 14

No2 人々の選択が経済をつくる
買い物や貯蓄をどうやって理論化する? ………………… 16

No3 家計とは何か
家計は企業、政府とどんな関係にある? ………………… 18

No4 企業とは何か
そもそも企業とはどんなものなのか? …………………… 20

No5 政府とは何か
そもそも政府とはどんなものなのか? …………………… 22

No6 国際取引
国境を超えた取引をどうやってとらえる? ……………… 24

No7 経済を知るための統計
経済関連の統計にどんな意味がある? …………………… 26

暮らしからお金を考える **金融リテラシーとは** ………………… 28

第2章 ミクロ経済学
家計や企業の選択行動の謎に迫る

第2章で学べること ……………………………………………… 30

No8 経済取引では価格が大事
価格が決まるのはどんなメカニズム? …………………… 32

No9 消費者は満足度で決める
家計の消費活動にはどんな法則性がある? ……………… 34

No10 景気と売れ行きの関係
景気が良くなると売れるものは? ………………………… 36

4

No11 セットで販売できるもの
セット販売には何が向いている? 38

No12 企業活動のなぞを解く
企業の行動原理は何か? 40

No13 資本・労働と生産量の関係
資本と労働を増やすほど生産物も増えるのか? 42

No14 費用対効果を考える
費用の無駄遣いをどう避けたらいいか? 46

No15 いくつつくると利潤が最大になるか
利潤が最大となる生産量をどう決める? 48

No16 独占禁止法がある理由
企業の独占にはどんな問題があるのか? 50

No17 やっぱり業界ナンバーワン
企業がシェアの拡大を目指すのはなぜ? 52

No18 なぜ学割があるのか
同じ商品で価格を変える、そんな戦略もある? 54

No19 なぜモデルチェンジするのか
企業が新型モデルを出す目的とは? 56

No20 公共財の考え方
公共財の適切な供給量は? 58

No21 犯人を自白させる方法
ゲーム理論と囚人のジレンマとは? 62

No22 勉強はご褒美が必要か
しっかり働いてもらうにはどうすればいいか? 66

No23 自由投票は民主的か
経済学は社会のルールを考える学問なのか? 68

暮らしからお金を考える **ライフプランをたてる** 70

第3章 マクロ経済学
1国の経済をまとめて分析する方法

第3章で学べること 72

No24 経済を俯瞰してみよう
国全体の経済をどうやって分析するのか? 74

No25 経済の規模はどうやってはかるのか
GDPの数値は経済の何をあらわしている? 76

5

No26 消費をめぐるあれこれ
経済全体の消費をどうやってとらえる? ················ 78

No27 企業が工場をつくる条件は
企業の投資判断は何によって決まるのか? ················ 80

No28 公共事業は役に立つか
なぜ政府は借金までして公共事業を行うのか? ················ 82

No29 お金の役割
お金はどうして価値を認められている? ················ 84

No30 お金と経済の関係
お金の量を操作すると景気が良くなる? ················ 86

No31 国内経済をひとつのグラフであらわす
国の経済を分析する便利なツールはある? ················ 88

No32 経済政策の効果
政府の経済政策によって経済は何が変わるのか? ················ 90

No33 経済面での政府の役割
国の経済面において政府が果たす役割とは? ················ 92

No34 労働の需要と供給
雇う側と働く側はどんな関係にある? ················ 94

No35 さまざまなタイプの失業
労働力が不足したら誰もが職につける? ················ 98

No36 景気対策で失業率は下がるか
失業者が増えたとき政府は何をするべき? ················ 100

No37 どうして物価が上がるのか
モノの価格が上がって良いことなんてある? ················ 102

No38 経済成長を分析する
経済成長を果たすには何が必要なのか? ················ 104

暮らしからお金を考える **家計簿をつけるワケ** ················ 106

第4章 国際経済学

第4章で学べること ················ 108

No39 国内と国外の考え方
国境を越えた経済取引はどのようにとらえる? ················ 110

No40 日本は何を輸出・輸入しているか
輸入品と輸出品を詳しく見てみると? ················ 112

No41 どの国と貿易すべきか
貿易の相手国はどのように決まる? ⋯⋯⋯⋯ 114

No42 輸出から現地生産へ
日本メーカーが国外に工場をもつ理由は? ⋯⋯ 116

No43 企業はきちんと税金を払っているか
多国籍企業が熱を入れる税金対策の実態とは? ⋯ 118

No44 モノの貿易からデジタル貿易へ
プラットフォーマーに課税できるのはどの国? ⋯ 120

No45 為替レートの読み方
円からドルに交換する比率は何で決まる? ⋯⋯ 122

No46 為替レートと貿易
為替レートが円安になると日本の貿易は改善する? ⋯ 124

No47 なぜ日本の生保がアメリカの国債を買うのか
日本企業が外国で証券投資を行っている? ⋯⋯ 126

No48 途上国経済の成長
途上国の経済成長で社会は変わる? ⋯⋯⋯⋯ 128

No49 国際経済を支える機関
国際経済はどのように維持されている? ⋯⋯⋯ 130

No50 グローバル化の重要性
グローバル化は良いことばかり? ⋯⋯⋯⋯⋯ 132

暮らしからお金を考える **資産形成は誰にでもできる?** ⋯⋯⋯⋯ 134

第5章 地域経済
世界の各地を知る

第5章で学べること ⋯⋯⋯⋯⋯⋯⋯⋯⋯⋯⋯⋯ 136

No51 中国
中国は経済大国でも、先進国ではない? ⋯⋯⋯ 138

No52 東南アジア、南アジア
アジアの国々はどれほど豊かになった? ⋯⋯⋯ 140

No53 EUとは何か
EUの創設は経済発展のためか? ⋯⋯⋯⋯⋯⋯ 142

No54 ヨーロッパの国々
ヨーロッパにおける経済大国はどこ? ⋯⋯⋯⋯ 144

No55 ヨーロッパの単一市場
単一市場になったメリットは何? ⋯⋯⋯⋯⋯⋯ 146

7

No56 中東
オイルマネーは21世紀も尽きない? 148

No57 アフリカ
アフリカの国々は期待を集めている? 150

No58 北米
アメリカは偉大な国ではなくなった? 152

No59 南米
人口も資源も豊かなのに豊かになれない? 156

暮らしからお金を考える **保険に入る必要性** 158

第6章 環境と資源の経済学

第6章で学べること 160

No60 なぜ気候変動が重要か
環境保護は経済成長の妨げにならない? 162

No61 気候変動対策
気候変動対策は本当に進んでいる? 164

No62 気候変動対策の投資資金
企業がESG経営をアピールするのは? 166

No63 カーボンフットプリント
エシカル消費とはどんなもの? 168

No64 バーチャルウォーター
日本はほかの国の水資源に頼っている? 170

No65 原油の活用
脱炭素社会に向けて原油は不要になる? 172

No66 石炭と天然ガス(原油以外の化石燃料)
環境に悪い石炭を使い続けるのはなぜ? 174

No67 再生可能エネルギー
環境に良い再エネは世界に広まっている? 176

No68 農産物
小麦やトウモロコシの貿易はどこが盛ん? 178

No69 その他の農産物
カカオやコーヒーはどこでつくられる? 180

No70 金属I
日本は金属も輸入に依存している? 182

No71	金属II
	電線が盗まれるほど銅は高価な金属？ …… 184

暮らしからお金を考える	リボ払いに潜むワナ …… 186

第7章 日本経済の歩み

第7章で学べること …… 188

No72	戦後の日本経済の歩み
	日本はいかにして経済発展したのか？ …… 190

No73	復興のための戦略
	敗戦直後の日本経済はどんな状態だった？ …… 192

No74	高度経済成長
	驚異的な経済成長とはどんなものだった？ …… 194

No75	2つのショック
	ニクソン・ショックとオイルショックとは？ …… 196

No76	輸出大国への躍進
	日本はどうやって輸出大国になった？ …… 198

No77	バブル経済とバブルの崩壊
	なぜバブル経済は発生し、崩壊した？ …… 200

No78	1990年代の銀行危機
	金融機関が破綻し、不況になったのはなぜ？ …… 204

No79	新しい産業の育成（2000年代）
	インターネットの普及で新時代が到来した？ …… 206

No80	世界から取り残された2010年代
	東日本大震災からの復興を果たしたか？ …… 210

No81	2020年代以降の見通し
	日本経済は再び大きく花開く？ …… 212

No82	日本はいまでも貿易立国か
	貿易赤字になっても貿易立国といえるか？ …… 214

No83	先進国と発展途上国
	国同士、各国内の経済格差は縮まる？ …… 216

No84	平均所得は本当に平均か
	統計の平均値は比較の目安になるか？ …… 218

暮らしからお金を考える	この世に「おいしい話」はない …… 220

第8章 経済学と経済の新潮流

第8章で学べること 222

No.85 行動経済学
経済学の世界にも新しい発見がある? 224

No.86 合理的でない私たちの考え方
人の意思決定の過程は合理的とは限らない? 226

No.87 実験経済学、神経経済学
経済学の分野でも実験や検査を行う? 230

No.88 マッチング理論
経済学で研究される組み合わせとは? 232

No.89 オークション理論
なぜオークションを研究するのか? 234

No.90 ビットコインはお金といえるか
暗号資産はどう使われている? 236

No.91 新しい形のお金
デジタル通貨とはどんなもの? 240

No.92 デジタル化、データ化が進む社会
デジタル化によって社会はどう変わる? 242

No.93 マルチモーダル化
いくつもの交通手段を組み合わせる目的は? 244

No.94 最後のトピック
経済と経済学の未来は? 246

おわりに 248

さくいん 250

第1章

経済学とは何か

第1章で学べること

第1章では、そもそも経済学とはどんな学問なのかを見ていきます。
どのようなことを学び、それによって何が得られるかを読み解いていきます。

経済学は私たちの毎日の生活と関係がある

> 私たちが働いて稼ぐのも、買い物をするのも経済活動。経済学を学ぶと、人やモノ、お金の動きを通じて社会のしくみを理解することができます。　　⇨ No1

お金儲けをしたい人が学ぶものではないの？

自分が暮らす社会のしくみを知っておくことは大事だね。経済学者が考えているのは、お金持ちになる方法じゃない。社会のしくみに問題があれば、解決策を探るんだ。

前提として最初に覚えておきたいこと

> 経済学の法則の多くは、式や図であらわすことができます。これは仮定を置き、簡素化して考えることで得られた成果。なかでも重要なのが「人々が合理的に考える」という仮定です。　⇨ No2

みんなそんなに合理的に考えられるのかな。

誰だって損はしたくないからね。得になるように考えて判断するものだよ。

経済学で重要な役割を果たすキープレイヤー

経済の主体となるのは、大別すると家計、企業、政府。いずれもほかの主体に一方的に何かをすることはなく、それぞれが互いに関係し合って経済が成り立っています。　⇨No1, No3〜5

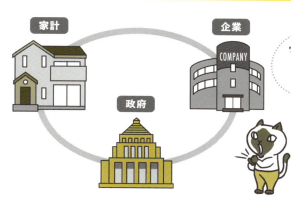

家計はその世帯の生計と考えると、わかりやすいね。

そうか、買い物をすれば、売った企業と家計が取引することになるんだね。

経済学では国内のことだけでなく、外国との関係も考える

外国との取引を扱うのは国際経済学という分野です。国内と外国との取引は国際取引といいます。私たちは輸入された食べ物やエネルギーなどを日々消費し、日本からも自動車など外国にさまざまなものを輸出しています。これが国際取引のなかでももっとも広く行われる貿易取引です。　⇨No6

何だか話が複雑になりそう。

人、モノ、お金は国境を超えて行き来しているからね。

No1 経済学で何を学ぶのか

経済学は日常とかけ離れた学問？

　現代社会を生きる私たちは、日々働いて、食べるものを買ったり、銀行を利用したりしています。ものを買うにはお金が必要ですから、働くことで給料を得て、それを糧に生活しています。経済というと国や市場、大企業など大きな規模のお金の動きをイメージしがちですが、こうした**個人の労働、消費、金融取引なども経済活動です**。

　朝起きてパンを食べることを考えてみましょう。パンを買うこと、食べることは個人的な活動に思えるでしょうが、そのパンがお店で販売されるまでには材料となる小麦などが生産され、輸送され、パンがつくられ、お店に並ぶプロセスがあり、多くの人々の活動のうえに成り立っています。

　経済学という学問は、こうした日常を説明してくれるのでしょうか。

[**私たちの日々の経済活動**]

よみとき 人、モノ、お金の動きを通じて社会のしくみを知るのが経済学。

第1章 経済学とは何か

「お金儲けをするための学問が経済学」と思っている人がいますが、そうではありません。経済のしくみがどのようになっているのか、経済活動がどのような法則にもとづいて行われるのか、どのようなルールを定めればよりよい経済活動を促すことができるのかなどを学ぶのが、経済学です。

<mark>経済の主体となるのは、大別すると家計、企業、政府の3つです</mark>。この3つの経済主体が相互に取引を行うことで経済は成り立っており、その動きを俯瞰したものを経済循環といいます。

[3つの経済主体を俯瞰する]

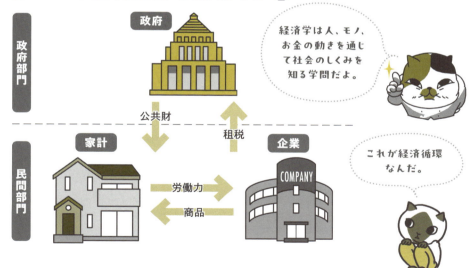

経済学は人、モノ、お金の動きを通じて社会のしくみを知る学問だよ。

これが経済循環なんだ。

未来に役立つ学び

経済学は、冷徹にお金儲けだけを追求する学問ではなく、弱者を切り捨てるような非情な世界でもありません。社会のしくみを知り、短所には対応し、よりよい社会となるように改善策を考える学問です。

No2 人々の選択が経済をつくる

買い物や貯蓄をどうやって理論化する?

　人が働き、買い物をして、貯蓄するという経済活動を研究し、理論化すると聞くと、「いったいどうやって?」と疑問に思うでしょう。人はそれぞれ性格も好みも考え方も異なり、買い物好きの人もいれば、倹約家もいます。気分や感情にまかせて行動することもありますし、どのように働くかも、所得も違います。さらに、人は互いに関わり合い、影響し合って生きています。

　その複雑なありようを経済学は研究対象とするのですから、疑問はふくらみます。理論を打ちたて、式や図であらわして解き明かすなんて、マジックのようにも思えるでしょう。どうしたら、そのようなことが可能になるのでしょう。

よみとき 人々は合理的と仮定して簡素化して考えます。

　いろんな人が活動する複雑な社会をスッキリ理解するために用いられるのが、仮定を置いてできるだけ簡素化する手法です。簡素化することによって、複雑なままでは発見できない法則や重要なポイントを解き明かしているのです。さらに、仮定を置くことで、簡単な式や図で経済をあらわせるようになります。

　そして、人の経済活動を読み解くために、「人々が合理的に考える」という仮定を用います。これは経済学における仮定のなかで、いちばん重要なものです。「合理的に考える」とは、どうしたらもっとも利益が得られるかを基準として、感情的なことをいっさい考慮せず、損得を正しく判断して物事を決めるということです。

　「自分はそんな合理的に考えられない」「世の中、合理的な人ばかりではないはずだ」といった声が上がりそうですが、人は置かれた条件のもとで望ましい選択をしようとするものです。

第1章 経済学とは何か

　たとえば、近所のいつもの店で200円で買っているパンが、遠くの店では100円で売られているとします。「100円のほうが安いから遠くまで買いに行く」と考えそうですが、ちょっと待ってください。

　100円の店にはバスで行かなければならないとすると、交通費や往復の時間がかかります。それらをすべて考慮して、どちらがお得なのかを考えるのが合理的な人です。人々の合理的な選択が経済をつくると仮定すると、さまざまな経済活動がわかりやすく説明できます。

[人々の合理的な選択の例]

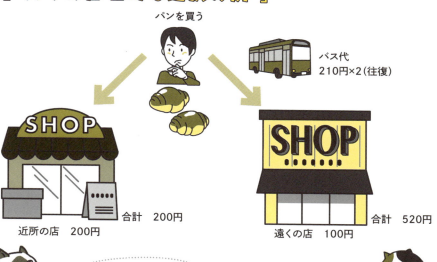

バス代でかえって高くつく！
往復にかかる時間も
ムダになるね。

ほらね。
人は合理的に
考えるんだよ。

未来に役立つ学び

合理的とは、満足する方法や利益など「もっとも」いい選択肢を採用すること。経済学は選択行動の科学です。一方では近年、合理性という仮定を取り外し、経済学に心理学的な要素を取り入れる試みも進んでおり、行動経済学などがそれにあたります。

No3 家計とは何か

家計は企業、政府とどんな関係にある？

　家計が企業、政府と並ぶ経済の主体であることは、すでに述べた通りです。家庭ではなく家計というところに、難しさを感じるかもしれません。家族が生活していくための収入と支出の状態、家庭におけるお金の運営をあらわしています。その世帯の生計といいかえると、イメージしやすいかもしれません。

　家計は収入、支出、貯蓄、投資といった経済活動を行います。家族が働いて得る給料、預貯金の利子、株の配当などが収入であり、生活費や税金、社会保険料などを支出します。

　「家計のやりくり」という言葉がよく使われるように、多くの家庭では収入の一部を将来への備えとして貯蓄、投資にあてます。うまくやりくりして、貯蓄や投資にまわす額を大きくしたいと考えている人は多いでしょう。一方で、マイホームや自動車など大きな買い物をする場合や資金が足りないときは、銀行などからお金を借ります。

　では、家計とそのほかの経済の主体である企業、政府の間の関係は、どのようになっているでしょうか。

[家計の経済活動]

収入を支出、貯蓄、投資に分ける。

将来のことも考えてお金の計画を立てよう。

家計は労働力と資金を提供し、その対価で消費活動を行います。

　世帯を構成する家族が働くことは、家計が企業に労働力を提供することを意味します。労働の対価として企業は給料を支払い、家計は収入を得ます。一家はその収入をもとに食べ物や衣服、サービスなどを購入し生活していくわけですが、これは家計が企業にお金を支払うことを意味します。

　さらに、家族が買い物をするたびに消費税を支払い、給料からは税金や保険料、年金などが天引きされ、家計から政府にお金が移動します。政府はインフラを整備し、福祉などの行政サービスを行い、家族がそれを利用して生活することで政府から家計に公共財が提供されます。

[家計と企業、政府の関係]

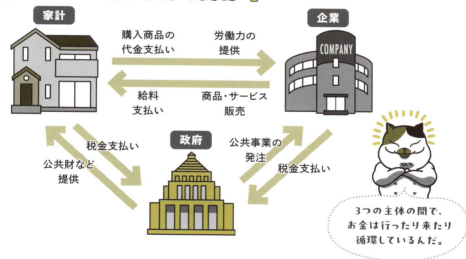

3つの主体の間で、お金は行ったり来たり循環しているんだ。

未来に役立つ学び

国民の生活実態を明らかにし、国の経済政策などに役立てるため、家計調査が行われます。日本の統計では開業医などの個人企業も家計に区分され、個人金融資産の統計に開業医の財産も含まれるため、金額が大きくなります。

No.4 企業とは何か

そもそも企業とは どんなものなのか?

　世の中にはあまたの企業が存在し、それぞれの企業では多くの人々が働き、ライバル企業としのぎを削っています。
　企業は労働者を雇い、その労働力と機械や設備などを使って製品をつくります。この流れを生産活動といいます。製品のことを経済学では生産物といい、パンのように形があるものと動画配信のように形がないものがあります。
　自動車を製造する企業もあれば、ブロックチェーンのサービスを提供する企業もあり、企業の活動はさまざまです。人と設備を使って製品をつくるという生産活動はどの企業も同じで、理論化できるといいます。
　では、経済学では企業をどのようなものとしてとらえ、どんなところに注目するのでしょうか。

[企業の経済活動]

労働者を雇い、
その人たちと設備を使って
生産活動を行う。

工場でモノをつくることがイメージしやすいね。サービスのように形がない生産物でも同じだよ。

企業は利益を求めて生産活動を行います。

経済学では、「企業はどうやって生産量を決めるか」という点に注目します。少なすぎるとビジネスチャンスを逃し、多すぎると値崩れします。人員や工場などの自社の状況を考えつつ、**最適な生産量を探すのが経済学での企業です**。

企業が何を目指して生産活動を行うかというと、それは利益(利潤)の最大化です。生産物をいくらで販売するか、どこにどれだけの人員を配置するか、どんな設備を導入するか、それらはすべて利益を最大化するための戦略です。

「それでは利益至上主義ではないか。社会のなかで果たすべき役割も大事だろう」という意見もありますが、利益の最大化は分析の簡素化に欠かせません。まずは利益の最大化を分析し、その後で社会的役割を考えるとわかりやすくなります。

[企業の戦略]

未来に役立つ学び

2010年代に入ってからESG(Environment／環境、Social／社会、Governance／ガバナンスの頭文字)の考え方が重視されるようになりました。深刻化する環境問題、社会問題などを背景に、企業の長期的な発展にはこの3つの観点が欠かせないとして経営に取り入れる動きが拡大しています。

第1章 経済学とは何か

No.5 政府とは何か

そもそも政府とはどんなものなのか?

　政治に強い関心を寄せる人でなければ、日々の生活のなかで政府の果たすべき役割やあるべき姿などを考える機会はあまりないでしょう。**政府は経済の主体のひとつであり、経済活動に多大な影響を及ぼします。**

　国のしくみはそれぞれで違いますが、日本には**中央政府**と**地方政府**があります。中央政府はいうまでもなく国であり、都道府県と市区町村の地方公共団体が地方政府です。このふたつに公的年金などの社会保障基金を加えたものを**一般政府**といいます。

　中央政府と地方政府の関係としては、地方交付税交付金や補助金などが国から地方公共団体に支給されています。地方公共団体には財政の格差があるため、住む場所によって国民が受ける公共サービスに大きな差がつかないよう交付されるのが地方交付税交付金です。

[日本の政府]

中央政府	国
地方政府	地方公共団体 都道府県、市区町村
社会保障基金	年金や保険といった社会保障給付を行う組織

→ 一般政府

よみとき 政府は税金を徴収し、公共財を提供します。

第1章 経済学とは何か

　政府はほかの経済主体である家計や企業から消費税や法人税などの税金を徴収し、一般道路や橋、公園、街灯、堤防などの公共財をつくり、提供しています。学校教育や警察、消防なども公共財です。

　こうして見ると、私たちが毎日、政府の提供したものを利用していることがわかるでしょう。生活が困窮して生活保護を受けたり、高齢になり介護保険の給付を受けたりしなくとも、**税金と公共財を通して家計と政府は関わり合っています**。

　また、政府の経済活動を集計したものが予算であり、政府がどのような経済活動を行うかを見ることができます。

[政府の経済活動]

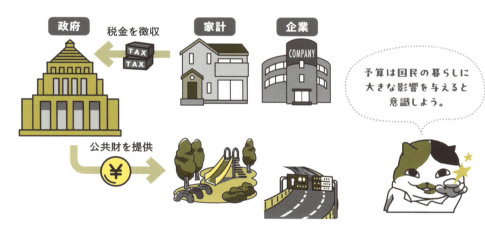

予算は国民の暮らしに大きな影響を与えると意識しよう。

未来に役立つ学び

資源の再配分、所得の再分配、経済の安定化といった政府の役割については、経済学者の間でも意見が分かれます。公共サービスや福祉などを必要最小限に限定するのが小さな政府、補助金や公共事業などを積極的に行って経済に介入しようとするのが大きな政府です。

No6 国際取引

国境を超えた取引をどうやってとらえる？

　現代では経済のグローバル化が進んでいます。外国との取引を行っていない経済をマクロ経済学では<mark>閉鎖経済</mark>といいますが、そのような状況を学ぶのは簡素化のためです。外国との取引を行っている経済は<mark>開放経済</mark>といいますが、ちょっと複雑になるため、国際経済学という分野で学びます。

　私たちの身の回りにあるものも、多くは外国から入ってきたものです。オレンジジュースはアメリカから、チョコレートはベルギーから、都市ガスはカタールから輸入しています。私たちが銀行にお金を預けると、銀行はそのお金でアメリカの国債を買うこともあります。国境を越えた出稼ぎも増えています。私たちの生活がどんどんグローバル化するなかで、どんなふうに経済を見ていけばいいのでしょうか。

[経済のグローバル化]

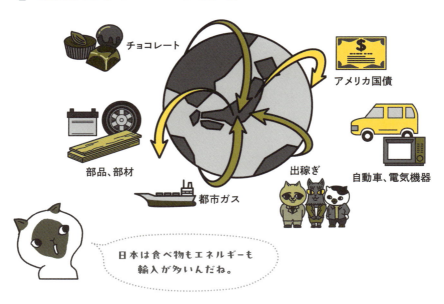

日本は食べ物もエネルギーも輸入が多いんだね。

よみとき 国際取引には貿易取引のほか、資本取引などがあります。

第1章 経済学とは何か

<mark>国内と外国との取引を国際取引といいます</mark>。

もっとも一般的な国際取引は、外国との間でモノを売り買いする<mark>貿易取引</mark>です。外国から買えば輸入、外国に売れば輸出となります。貿易には形がないものも含まれ、私たちが海外旅行に行くと旅行サービスの輸入になります。

国内と外国との間で資金を移動することを資本移動といい、これも国際取引の<mark>資本（資金）取引</mark>です。たとえば、日本の銀行が他国の企業にお金を貸すことや、日本企業が外国企業を買収することも資本移動にあたります。

ほかにも、システム開発やノウハウ提供などの<mark>サービス取引</mark>、他国への国際技術移転、インターネットを介した<mark>電子商取引</mark>などもあります。

[さまざまな国際取引]

貿易取引
輸入・輸出

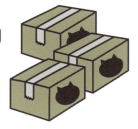

資本取引
資金の移動

サービス取引
国際技術移転
電子商取引

為替レートのほか、相手国の関税などの通商政策、経済情勢なども大きな影響を及ぼすね。

！ 未来に役立つ学び

私たちの経済生活は国際経済の影響を大きく受けています。たとえば電気。なぜ最近の電気代が高くなったのか、電気自動車はどこでつくられ売れているのか、気候変動と電気の関係など国際経済を学ぶとわかるようになります。

No.7 経済を知るための統計

経済関連の統計にどんな意味がある?

経済ニュースでは頻繁にさまざまな統計が取り上げられています。

たとえば、2023年のGDP（国内総生産）で日本がドイツに抜かれたニュースは大きく報じられ、「いつのまにそんなことに」と驚いた人も少なくありませんでした。日本は長らくアメリカに次ぐ世界2位の経済大国でしたが、中国にその座を譲り、ドイツにも越されて世界4位になりました。

この例でわかるように、==GDPは国の経済力をはかる経済指標としてよく用いられます==。ほかにも、官公庁や中央銀行、シンクタンクなどがさまざまな統計を発表していますが、経済の動向を読み解くのに役立つのでしょうか。

[世界のGDP]

		2024年名目GDP（IMF予測）
1位	アメリカ	28兆7,810億ドル
2位	中国	18兆5,326億ドル
3位	ドイツ	4兆5,911億ドル
4位	日本	4兆1,104億ドル

出典:IMF"World Economic Outlook"

日独が逆転したのは55年ぶりだった。円安とドイツの物価高が影響している。

よみとき 国際ルールにもとづく統計は客観的な国際比較に役立ちます。

GDPによって国の経済力のランクづけができるのは、各国が国連で採択された<mark>国際基準に準拠して統計を作成</mark>しているからです。国によって区分や算出方法などが違っていたら、客観的な国際比較はできません。

国際ルールにもとづいて作成されるのは、資金循環統計、国際収支統計なども同じです。<mark>資金循環統計</mark>はあまり聞き覚えがないかもしれませんが、国内の金融機関、企業、家計などの金融資産、負債の推移などを預金、貸出など金融商品ごとに記録した統計で、個人金融資産も資金循環統計からわかります。<mark>国際収支統計</mark>は貿易や金融取引などを記録するもので、諸外国との取引の実態を把握するのに役立ちます。

グローバル化が進むなかでは、こうした代表的な統計をチェックして、世界経済、そして日本経済への影響を考えることが重要です。

[国際ルールにもとづく統計]

資金循環統計
国内の金融資産、負債の推移を経済主体ごとに記録。

いろんなヒントが得られそうだね。

国際収支統計
外国との経済取引を体系的に記録。

日本だけでなく、関連が深い国々のデータも要チェックだよ。

！未来に役立つ学び

経済指標は企業の設備投資や雇用、家計の資産運用、政府の金融政策や増税、財政出動など、経済の主体の意思決定に広く活用されます。おもな統計のしくみを知っておくと、経済を見抜く力を養うことにつながります。

第1章 経済学とは何か

暮らしからお金を考える

金融リテラシーとは

　暮らしにまつわるお金を考えるうえで、まず重要なのが金融リテラシー。近年は早いうちから身につけるべきとして、さまざまなイベントなどが行われています。小学生向けの投資教室などは社会のしくみがまだわからないため早すぎるでしょうが、社会との接点が生まれる高校生、大学生になったら知っておきたいものです。

　そもそもリテラシーとは何かというと、読み書き能力のこと。お金に関する知識や判断力を金融リテラシーといいます。経済的に自立し、ライフプランを立てて賢く家計管理を行い、望みをかなえ、資産を形成していくために役立ちます。

　お金のことで不安になった経験はないでしょうか。「うまくやりくりできない」「ついクレジットカードを使いすぎてしまう」「貯金がなくて将来が心配」といった悩みがある人は、金融リテラシーの基本を学ぶだけでも人生が変わるはずです。

　金融リテラシーを高めれば、経済的な安定が得られます。きちんと計画をたて、お金を管理できるようになれば、未来に対する漠然とした不安で暗い気持ちになることも避けられるでしょう。不測の事態への備えがあれば、自分自身や家族のケガや病気、収入減などにも落ち着いて対応できます。

　金融の正しい知識をもつことは、甘い言葉にだまされる詐欺被害などを防ぐことにもつながります。おびただしい量の情報が飛び交う今日だからこそ、真偽を見極める力を養うことが重要です。

第 2 章

ミクロ経済学
家計や企業の選択行動の謎に迫る

第2章で学べること

この章で学ぶミクロ経済学は、家計や企業がどう行動するかを分析します。
ミクロはごく小さいことをあらわし、対義語は巨大という意味合いのマクロ。第3章で学ぶマクロ経済学が国単位の広い視点から経済を分析するのに対し、ミクロ経済学は家計、企業という個別の経済主体の行動や意思決定に焦点をあてます。

ミクロ経済学でいう市場とは

市場には大きく分けると、完全競争市場と不完全競争市場があります。完全競争が成り立っているのが完全競争市場。さまざまな条件をつけて単純化し、市場での価格決定メカニズムが学びやすくなっています。
⇒No8

不完全競争市場には独占市場、寡占市場などがあり、企業が価格を吊り上げることが可能です。
⇒No16,17

ひと言で市場っていっても、違いがあるんだね。

完全競争市場では需要と供給が均衡するところで、価格が決定するんだ。

企業がどう行動するのか、まず知っておくべきこと

企業の行動原理は、利潤の追求。利潤を最大化するために生産活動を行います。どれほどの資本と労働を投入したら、利潤が最大になる生産量を得られるか、かける費用を無駄にしないためにはどうしたらいいかを見ていきます。
⇒No12～15

どれだけ儲けられるかって話?

長期的に利潤を得られなければ、企業として活動していけなくなるからね。

モデルチェンジにも"独占"が関係している

品質やデザインなどで差別化をはかったモデルチェンジは、短期的には独占的な地位を得て高い価格で利益を得ることができます。ただし、他社が黙って見過ごすはずもなく、同等の商品が登場し、完全競争に戻り、これが繰り返されます。　⇨No19

公共財にも需要と供給がある

ミクロ経済学は、公共財の適切な供給量についても読み解きます。公共財が増えれば私たちにどれだけ役立つか、生産にどれだけ費用がかかるか、これを需要と供給の関係としてとらえることができます。　⇨No20

公園のブランコはいくつがいいか……。

限界便益と限界費用が一致するところで決まるんだ。

ゲームみたいな考え方がある

ゲームの勝敗を決めるのは戦略。ほかのプレイヤーがどう出るか予測し、自分の得点が高くなるように考えます。企業などもライバルの出方を探ろうとするのは同じこと。
互いに影響し合う戦略選びを数学的に分析するのがゲーム理論です。とくに有名な囚人のジレンマを取り上げます。　⇨No21

ゲームって聞くと興味がわく！

実際のビジネスの現場でも取り入れられているんだ。

No.8 経済取引では価格が大事

価格が決まるのはどんなメカニズム？

　私たちは日常的に買い物をしては「これは安いな」「ずいぶん高いな」などと考えます。では、モノの価格はいったいどうやって決まるのでしょうか。
　市場での価格決定のメカニズムを学びやすいように、<mark>経済学ではさまざまな条件をつけて単純化した市場として完全競争市場について考えます</mark>。完全競争が成り立っている市場であり、4つの条件が必要です。

[完全競争市場の4つの条件]

1 個々の経済主体は、自分では市場価格を変えることができない。

2 売り手と買い手が多数存在する。

3 市場に関する情報（取引量と価格）をすべての市場参加者が持っている。

4 買い手が売り手に対して特別の選り好みをしない。

完全競争市場は理論上の理想的な市場。これを学んでから、現実の経済に近づけていく。

32

よみとき 需要と供給が均衡するところで価格が決定します。

モノの価格が上がると需要は減少します。食品メーカーが製品の値上げをすると消費者が買う量が減ることは、よく知られる通りです。縦軸が価格、横軸が需要量の**需要曲線**には、それがあらわれています。反対に、価格が下がると需要は増加します。

需要曲線とは逆に右上がりになるのが**供給曲線**です。縦軸は価格、横軸は生産量で、価格と供給量の関係をあらわしています。価格が高くなるほど企業は多く売りたいと望み、供給量が増えます。反対に安くなれば減ります。

第2章 ミクロ経済学 家計や企業の選択行動の謎に迫る

[需要曲線、供給曲線と市場均衡点]

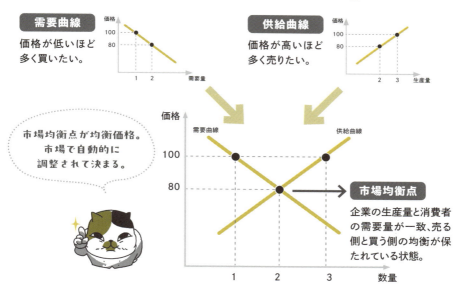

需要曲線 価格が低いほど多く買いたい。

供給曲線 価格が高いほど多く売りたい。

市場均衡点が均衡価格。市場で自動的に調整されて決まる。

市場均衡点 企業の生産量と消費者の需要量が一致、売る側と買う側の均衡が保たれている状態。

（注）需給ともに「曲線」といいますが、直線であらわします。

❗未来に役立つ学び

生産者が「すばらしいモノです」と売り込んでも、需要がなければ売れません。安くしても買う人がいなければ、均衡価格はゼロになります。需要の分析や誘導には、心理学などさまざまな知識が活用できます。

No.9 消費者は満足度で決める

家計の消費活動には どんな法則性がある？

コンビニやスーパーに行ったとき、「今日は頑張ったからご褒美スイーツを追加しよう」「給料前だから贅沢はがまん」などと考えることがあるでしょう。食べ物だけでなく、エステなどのサービスも同様です。消費者は何をどれだけ買うか、どうやって決めているのか、ミクロ経済学は解き明かしてくれます。**消費をすると得られる満足度を、経済学では効用と呼びます**。好きなものを買って食べたときの気持ちを考えると、実感しやすいでしょう。

人それぞれ好みが違い、満足度は異なりますが、本書では消費する量が増えるほど、その消費による満足度も上がり、効用が大きくなると仮定します。同時に、消費者は常に合理的に考え、もっとも効用が大きくなるような消費活動を行うと仮定します。

[消費量と効用の関係]

焼き菓子を食べたときの満足度

1個では3スマイル

2個なら5スマイル

3個なら6スマイル

倍々ゲームとはいかないけど、消費をすればするほど満足する。つまり、効用が大きくなるんだ。

34

よみとき 予算内で最大の満足を得るようにモノを選んでいます。

ここでは単純化して、ケーキと焼き菓子の2つを買うケースを考えます。「おいしい！」という効用は、無差別曲線というグラフで表現できます。**無差別曲線は同じ満足度を表す右下がりの曲線で、原点から離れるほど効用が大きくなることを示します。**

ただ、ケーキと焼き菓子を買うにも予算があります。その予算もグラフ化できます（予算制約線）。直線よりも右側はお金が足りず、左側はお金が余ることを示します。**予算が決まっているなかでもっとも満足する買い物は、2つの線の接点G点になります。**ここで予算をちょうど使い切り、ケーキと焼き菓子をバランスよく食べることができるのです。**これを効用最大化といい、需要曲線の形を決める重要な理論です。**

[グラフで見る効用最大化]

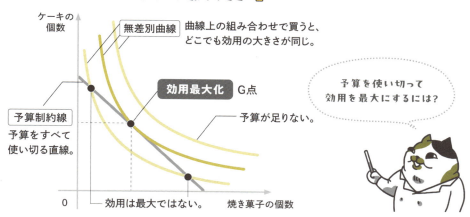

G点で、ケーキと焼き菓子の消費量（＝購入数）が決まる。

未来に役立つ学び

効用の理論では、ひとつのものだけを消費するよりも、多くの種類のものをバランスよく消費するほうがいいといえます。これらは消費者の好み、経済状況、ほかの製品との比較に置き換えられ、マーケティングに役立ちます。

No10 景気と売れ行きの関係

景気が良くなると売れるものは？

　景気が良いときと悪いときで売れる商品が違うことは、ビジネスの世界に身を置く人なら知っているでしょう。そうはいっても、明確な定義づけを語れる人は少ないのではないでしょうか。好況期と不況期それぞれで売れるモノは、いったいどこに違いがあるのでしょうか。

　景気の良いときは人々の給料も上がり、消費が活発になります。たとえば、食卓にのぼる肉は、鶏肉ではなく牛肉になる頻度が上がるかもしれません。「発泡酒ではなくビールを買おう」と考える人も増えるでしょう。

よみとき　好況期に売れるのが上級財、不況期に売れるのは下級財。

　所得が増えると消費が増えるものを上級財といいます。牛肉、ビールなどはその例です。反対に、**所得が増えたときに消費が減るものを下級財といいます**。この例でいえば鶏肉と発泡酒です。

[景気と上級財・下級財]

景気が良くなり給料が上がった。

上級財
売れ行きUP↑

下級財
売れ行きDOWN↓

景気が悪くなり給料上がらず。

上級財
売れ行きDOWN↓

下級財
売れ行きUP↑

商品の種類によってマーケットの分析は変わります。景気が良くなったら何が売れるか、反対に景気が悪くなったら何が売れるか、その法則性を知っておくことは、ビジネスに役立つでしょう。

==インフレによる売れ行きの変化も、上級財、下級財から読み解くことができます==。インフレでは価格が上がるために購入できるものの数が減り、所得が下がった場合と同じ影響を受けます。所得が下がったときに消費が大きく減るのは上級財です。一方の下級財はさほど減りません。牛肉は控えて鶏肉を選び、ビールはやめて発泡酒にすることを考えると、納得できるでしょう。

［ 価格の変動による消費量の変化（需要曲線）］

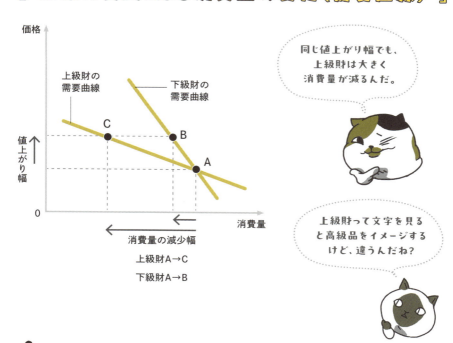

> 同じ値上がり幅でも、上級財は大きく消費量が減るんだ。

> 上級財って文字を見ると高級品をイメージするけど、違うんだね？

未来に役立つ学び

商品の値上げを考える際も、売れ行きにどれくらい大きく響くかを、上級財、下級財の定義から考えてみるといいでしょう。上級財は売れ行きが大きく下がりますが、下級財の売れ行きは少しだけ下がります。

第2章 ミクロ経済学 家計や企業の選択行動の謎に迫る

37

No11 セットで販売できるもの

セット販売には何が向いている？

　市場で売られているモノやサービスのなかには、セット販売が一般的なものもあります。どんなものが、なぜセットにされるのでしょうか。
　<u>モノやサービスなど財の需要が、ほかの財の需要に影響する組み合わせがあります</u>。
　身近な例でいうと、パンとジャムがこれにあたります。たとえば、パンのブームが来てたくさん売れるようになると、ジャムもたくさん売れるようになります。ジャムはパンを食べるときに使われるため、セットで求められることが多いからです。このような関係にある財を<u>補完財</u>といいます。

よみとき <u>需要が影響し合う補完財はセットに向いています。</u>

　補完財とは逆に、一方の需要の増減に応じてもう一方の需要が逆方向に増減する組み合わせもあり、これを<u>代替財</u>といいます。代表例がパンとコメで、パンが売れるとコメの売れ行きは落ちます。

[補完財と代替財]

パンの需要が上昇→ジャムの需要も上昇。　　　　パンの需要が上昇→コメの需要が減少。

　　　　補完財　　　　　　　　　　　　　　　**代替財**

補完財の関係にあるモノを把握しておくと、一方の売れ行きが伸びているときに他方を売り出すといった戦略がたてられます。

　自動車がたくさん売れれば、タイヤもたくさん売れます。ボルトとナットなども典型的な補完財です。一方がたくさん売れると他方も売れ、一方があまり売れなくなると他方も売れなくなる組み合わせです。

　これに対して、代替財はお互いに代用がきくような財の組み合わせです。例にあげたコメとパンは両方とも主食であり、同じニーズを満たすものです。朝食はたいていパンでも、パンを切らしていたらご飯で代用できます。

　ほかにも、3時のおやつに購入するケーキと大福、コーヒーと紅茶なども代替財といえます。

[補完財・代替財の組み合わせ]

問　以下の組み合わせは、補完財、代替財のどちらでしょうか？

1 メガネとコンタクトレンズ

2 自動車とガソリン

3 スマートフォンとスマホケース

4 コーン油とコメ油

5 砂糖と人工甘味料

整理して考えてみるね。

答えは補完財2、3。代替財1、4、5。

未来に役立つ学び

新しい商品を市場に投入する際は、その商品の補完財、代替財の売れ行きに注意しましょう。

第2章　ミクロ経済学　家計や企業の選択行動の謎に迫る

39

 No.12 企業活動のなぞを解く

企業の行動原理は何か？

　経済ニュースでは、企業の経営戦略や株価、人員整理など、さまざまな動きが伝えられます。多くの人が集まる組織として、企業は何を基準に行動しているのでしょう。**幅広く活動しているように見える企業ですが、根本的に行っていることは生産活動です**。その流れは、以下の図の通り。企業は人を雇い、機械を使うなどして生産物を得ます。経済学ではこれを、設備や機械などの**資本と労働という生産要素を投入し、生産活動を行い、生産物を生み出す**と説明します。どの業界、業種でも変わりません。製造業に限定したことではなく、生産物は形のある財に限りません。ソフトウェアのようなサービスも同様で、同じように単純化して考えます。

[企業の活動]

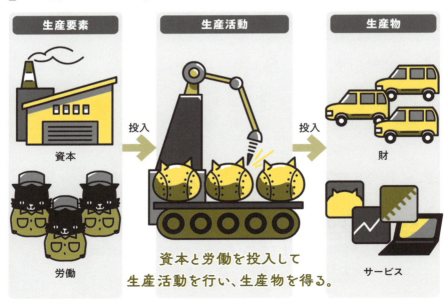

資本と労働を投入して生産活動を行い、生産物を得る。

よみとき 企業活動の目的は利潤の最大化。

では、==企業の行動原理は何かといえば、ずばり利潤を追求することです==。どのような企業であっても、より大きな儲けを得るために生産活動を行っているといえます。

もちろん企業には従業員に給料を払って彼らの生活を支えたり、株主に利益をもたらしたり、社会貢献をするといった目的もあります。そうした役目を果たすためにも、企業は長期的に利潤を獲得し続ける必要があります。利潤を得ることが企業にとって何より重要であり、それをいかに最大化するかが課題なのです。

［ 利潤最大化のポイント ］

利潤を追求するためには、収入と費用の把握が重要。

利潤 ＝ 総収入 － 総費用

企業は生産活動で得た生産物を売って収入を得る。そこから資本と労働の生産要素の費用を引くと利潤が出るわけだ。

どれだけ儲けたかわかるんだね。

！ 未来に役立つ学び

利潤を増やすには収入を増やすか、費用を下げるか、どちらかです。バブル崩壊後、日本企業は費用を減らす戦略をとり、大規模なリストラを断行しました。利潤の確保はできましたが、結果的に新製品の開発などで後れを取ることとなったのも事実です。

第2章 ミクロ経済学 家計や企業の選択行動の謎に迫る

No.13 資本・労働と生産量の関係

資本と労働を増やすほど生産物も増えるのか？

　つくるそばから売れるほど商品がヒットしたら、生産量を増やそうという話になるのは当然。企業は資本と労働の生産要素を投入して生産活動を行い、生産物を得ます。**資本は工場や機械、労働は従業員です。**莫大な資金を投じて資本と労働を増やしたのに、失敗するケースもあります。何がいけないのでしょうか。

　まず、資本と労働の両方を2倍に増やした場合を考えてみましょう。

　生産量の倍増を目指し、工場の生産設備と労働者の数をともに2倍にしたとします。両方2倍になれば、当然、2倍の生産物が得られるようになると思えるかもしれませんが、そうとは限りません。

[生産設備、労働者ともに倍増したら]

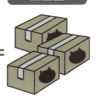

資本 ×2　　労働 ×2　＝　？

設備も、働く人も、生産効率を入念に計算したうえで増やすことが重要だね。

・面積が増えると材料運搬など動線はどう変わるか。
・作業の工程が増えることはないか。
・設備に対して人が多すぎて作業が停滞しないか。

よみとき 資本、労働とも2倍にすれば、生産量も2倍になるとは限りません。

　資本と労働を投入し、どれだけの生産物を得られるかをあらわす<mark>生産関数は、生産量が何倍になるかで3つに分かれます</mark>。

　投入する資本と労働の両方を2倍に増やしたときに、生産量が2倍を超える場合は、規模に関して<mark>収穫逓増</mark>といいます。

　資本と労働を2倍に増やすと、生産量がちょうど2倍になる場合は、規模に関して<mark>収穫一定</mark>（不変）といいます。

　資本と労働を2倍に増やしたにもかかわらず、生産量が1.5倍など2倍にも満たなかった場合は、規模に関して<mark>収穫逓減</mark>といいます。

[資本、労働をともに2倍にしたときの生産量]

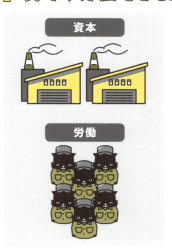

2倍超なら規模に関して収穫逓増

ちょうど2倍なら規模に関して収穫一定

2倍未満なら規模に関して収穫逓減

「逓増」とは数がだんだん増えること、「逓減」は逆にだんだん減ることだよ。

1.7倍とかでは増えていても2倍に届かないから「収穫逓減」なんだね。

資本と労働のバランスで生産量が決まります。

　では次に、労働と資本の両方ではなく、一方のみを増やした場合に、生産量がどう変わるかを見ていきましょう。小さなパン屋さんを例にとります。店には焼き窯がひとつあり、ひとりのパン職人が商品を生産し、営業しています。

　売れ行きがよいから生産量を増やそうと考えたとき、焼き窯をもうひとつ設けるには多額の購入費用に加え、設置費用などもかかります。スペースが足りなければ、より広くて賃料も高い店舗に移転する必要があります。

　そこで、焼き窯はひとつのままとして、パン職人をさらに雇うことにします。資本ではなく、労働のみを増やすということです。職人が2人になると生地をこねてつくるパンの数は2倍に増えますが、焼き窯の容量に限界があるのでパンは2倍も焼けません。職人を3人、4人と増やしていっても、焼き窯の容量が変わらなければ、3人目、4人目の職人が焼けるパンの量は小さくなっていきます。

[焼き窯とパン職人、焼けるパンの数]

職人だけ増やしても生産量の増加分は小さくなっていく。

焼き窯の前に職人の行列ができるね。

これは規模の大きな企業でも同じことです。商品がよく売れているとき、企業は生産量を増やして売り上げを伸ばし、儲けをさらに大きくしようと考えます。その際、広くとられるのが働き手を増やす方法です。工場の生産ラインを増設するには莫大な費用がかかりますから、資本は一定で労働だけを増やすということです。
　==特定の生産要素を増やしたときに得られる生産量の増加分を限界生産力といいます==。下の図の示すとおり、ひとつの生産要素のみを増やし続けても、限界生産力はしだいに減っていきます。
　資本と労働の両方を増やした場合は、資本と労働に関して収穫逓増、収穫一定、収穫逓減と3パターンありますが、==資本または労働の片方だけを増やす場合は限界生産力は必ず逓減します==。

［ 限界生産力 ］

※安定的な経営と生産工程が確立されている企業が、
　労働という生産要素を増やしていく場合。

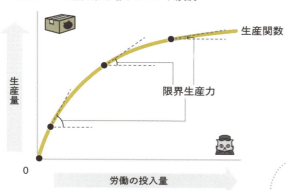

労働の投入量が増えるにつれ生産量は増えるけれど、曲線の傾きはだんだん小さくなる。

生産量が増える割合が小さくなっていくんだね。

これを限界生産力逓減の法則という。

未来に役立つ学び

近年では、ロボットやRPA（Robotic Process Automation／ロボットによる業務自動化）などの導入が進み、労働という生産要素と生産量の関係に変化が生まれつつあります。働く人が少ないまま生産量を伸ばすことが可能になってきました。

第2章　ミクロ経済学　家計や企業の選択行動の謎に迫る

No.14 費用対効果を考える

費用の無駄遣いをどう避けたらいいか？

　プライベートでも「コスパが重要」といわれる時代です。費用対効果を高めることは、利潤を追求する企業にとって至上命題といえます。生産量を増やすためには資本と労働を増やす必要がありますが、無駄が生じては利潤が減ってしまいます。賢く費用を抑えるという難題は、どう解決したらいいのでしょうか。

　ここではパンを100個つくることを想定します。生産量を100として、どうしたら費用をもっとも小さくできるか考えてみましょう。

　そのために重要なのが、費用を分解して見ていくことです。資本と労働を合わせた総費用は生産量を増やせば増やすほど増えていきますが、スタート地点はゼロではありません。**生産量がゼロでも固定費用はかかる**からです。

[固定費用、可変費用と総費用]

固定費用

工場の稼働をとめ、生産量0でもかかる費用。
賃貸料、水道光熱費の基本料金など。

可変費用

生産量に応じて増えていく費用。
材料費、水道光熱費の従量料金など。

言い換えると、総費用は固定費用と可変費用に分解されるということ。

固定費用 + 可変費用 = **総費用**

よみとき 費用を分解し、生産量による変化を読み解きます。

　企業の費用について7つに分解して考えてみましょう。まずパンをつくる費用の合計が**総費用**です。下の図ではパンを100個つくるときの総費用は5,000円となります。総費用は、生産量に関係のない**固定費用**と生産量によって変わる**可変費用**に分かれます。固定費用はパンをまったくつくらないときにもかかる費用で、賃貸料、水道光熱費の基本料金などです。可変費用は材料費や水道光熱費の従量料金などです。

　総費用5,000円を生産量100個で割ると**平均費用**になります(いわゆる原価)。平均費用も**平均固定費用**と**平均可変費用**に分かれます。

　少しややこしいのが**限界費用**という考え方です。これは、パンの生産量を1個増やしたときの追加費用です。たとえば、パン100個の総費用は5,000円、101個の総費用が5,055円だった場合、限界費用は55円ということです。この限界費用は生産量が増えると小さくなっていき、途中からは逆に増えるという特徴を持っています。

　企業はこれらの費用を計算しながら生産計画を立てていくのです。

第2章 ミクロ経済学　家計や企業の選択行動の謎に迫る

[費用を分解する]

! 未来に役立つ学び

ビジネスの世界では、固定費用は固定費、可変費用は変動費と呼ばれ、もっとも大きな固定費が人件費です。一方、平均費用は原価と同じこと。これらの指標は損益分岐点を求めるのに使われ、経済学でも同じように考えます。

No15 いくつつくると利潤が最大になるか

利潤が最大となる生産量をどう決める?

　企業は利潤が最大になるように生産活動を行います。ここまで費用と収入、価格などを見てきて、企業の行動のからくりがだんだんわかってきたのではないでしょうか。ここでは、生産量がどのように決定されるのかというなぞを解きます。パンを生産する例を続けます。

　パン屋さんの**総収入**は、パンの**販売価格×生産量**で決まります。経済理論ではつくったパンは全部売れると仮定するので、1個80円のパンを100個生産・販売すると総収入は8,000円です。総収入が8,000円、総費用が5,000円であれば黒字になり、利潤は総収入－総費用で3,000円です。**利潤がマイナスになるといわゆる赤字です。**

[生産量と総収入、総費用、利潤の関係]

「利潤＝総収入－総費用」(P.41参照)なので

→ **総収入はゼロ。固定費用の分、利潤はマイナス**

→ **販売価格×生産量＝総収入**
生産量に応じて費用と利潤が変化

POINT
- 生産量が少ないうちは、生産量を増やすと生産効率が上がり、利潤アップ。
- 利潤が最大になる点を過ぎると、生産効率が落ちて利潤ダウン。0やマイナスにもなる。

よみとき 「販売価格＝限界費用」の利潤最大化条件の公式を利用。

「販売価格＝限界費用」というのが、利潤を最大にする生産量を決める公式です。下図のように黒字と赤字を決めるポイントは限界費用にあります。

赤字になっても赤字額が固定費用より小さければ、リストラなどをしつつ生産を続けますが、赤字幅が固定費用より大きくなると、企業は生産を断念し、倒産します。

[限界費用と平均費用、利潤の関係]

「販売価格＝限界費用」が利潤最大化条件の公式。

限界費用 ＞ 平均費用 → 利潤＋

限界費用 ＝ 平均費用 → 利潤ゼロ（損益分岐点）

限界費用 ＜ 平均費用 → 利潤ー（平均費用ー限界費用の赤字）
赤字が出てもすぐに操業をやめないのは、借金の金利の支払いや給料など固定費用を支払う必要があるから。

限界費用 ＝ 平均固定費用 → 利潤ー（操業中止点）
固定費用より赤字が大きければ操業中止、倒産へ。

1個当たりの収入と費用を比べているね。

利潤最大化条件は公式として覚えよう。

! 未来に役立つ学び

赤字になり生産をとめるかどうかは、生産を継続した場合の赤字ととめた場合の固定費用の比較により決定します。赤字で生産を続けるとやがては行き詰まるため、費用を抑え利潤を黒字にしようとします。これがリストラです。

No.16 独占禁止法がある理由

企業の独占には どんな問題があるのか？

　完全競争市場では、ひとつの企業が生産量を減らしても増やしても、市場に影響はありません。ほかにも多くの同業者が代替となるものをつくるからです。それが独占市場では一変します。どんな問題があって独占禁止法が定められているのでしょうか。
　独占的な市場では、消費者は独占企業の生産物に代わるものをほとんど見つけられません。独占企業の生産量が、そのまま市場全体の供給量になります。価格が上がっても独占企業から買うしか選択肢がありません。

よみとき 独占度が高ければ高いほど価格の吊り上げが可能です。

　完全競争市場であれば、企業は利潤最大化のため「販売価格＝限界費用」となるよう行動しますが（前項参照）、独占企業は違います。限界費用を大きく上回る価格をつけることが可能です。このため、**競争企業が価格受容者（プライステイカー）**であるのに対し、**独占企業は価格設定者（プライスメイカー）**といわれます。

[独占の度合いと価格]

1社独占

ライバルがいないので、価格を高くできる。

2〜3社独占

ライバル社の動きを見ながら、値下げすることもある。

一人勝ちなら、好きなだけ高くできるのか……。

==ひとつの企業の独占度が高いほど、価格と限界費用の差は大きく、価格は高くなります==。独占企業は生産量を抑えて価格を吊り上げ、大きな利潤を得ることができます。

　多くの消費者が必要とする財の生産が独占企業に握られてしまったら、大変困ったことになります。たとえば電力のようなインフラ部門で独占により料金が高騰し、料金を支払える富裕な人しか電気が使えなくなる状況は好ましくありません。

　そこで国は独占禁止法を定め、企業に対し守るべきルールを課しているのです。企業間の公正で自由な競争を促進し、消費者の利益を確保する狙いがあります。私的独占の禁止、不当な取引制限の禁止、不公正な取引方法の禁止、企業結合の禁止などが定められています。

　複数の企業で話し合って価格を吊り上げる談合も禁止されています。==経済学では一歩進んで、談合を白状すると罰金が軽くなる制度を提案しています==。罰金を軽くすることには抵抗があるでしょうが、誰かが裏切るのではないかと疑心暗鬼が企業間に生じ、結果として公正な競争が生まれます。日本にも課徴金減免制度があります。

［談合などを抑制する課徴金減免制度］

自ら関わったカルテル・入札談合について、事業者が違反内容を自主的に公正取引委員会に報告した場合、課徴金が減免される。

調査開始前の1番手は全額免除、2番目は20％などと申請順位に応じた減免率、協力の度合いに応じた減免率が適用される。

カルテル・入札談合の発見を容易にし、事件の真相解明の効率と効果を高め、競争秩序を早期に回復するのが目的。

これはゲーム理論（P62参照）という経済学の理論から生まれた制度なんだよ。

未来に役立つ学び

　独占企業の値上げをやめさせる唯一の方法はライバルをつくること。ライバルが生まれやすい環境づくりが政府の責務です。EU（欧州連合）などが進める独占的なプラットフォーマーへの規制もそのためです。経済学の勉強は、独占企業の言いなりにならず、自ら考えて行動することに役立ちます。

No17 やっぱり業界ナンバーワン

企業がシェアの拡大を目指すのはなぜ？

　どこの会社でもシェア（市場占有率）の拡大や競合他社とのシェア争いは、日常的なトピックといえるでしょう。企業は利潤の最大化を追求すると説明してきましたが、それは完全競争市場での話。シェアを拡げ、独占的な地位を獲得した企業の前にはどんな風景が広がっているのでしょうか。

　圧倒的シェアで業界ナンバーワンの揺るぎない地位を築けば、知名度の高さにより広告宣伝を効率化し、価格のコントロールもできそうです。

よみとき 独占・寡占の不完全競争市場では価格を高く設定できるからです。

　完全競争市場とは異なり、ライバルが少ない独占、寡占などの不完全競争市場では、企業はより高い価格で生産物を販売できます。

　では、不完全競争市場での生産量と価格はどうなるでしょう。生産量を1単位増やしたときの追加的な収入を限界収入といい、多くつくるほど消費者が値引きを求めて価格が下がるため、限界収入も生産量が増えると低下します。**利益最大化条件は「限界収入＝限界費用」、これで生産量が決まり、価格は需要価格で決まります**（右図参照）。

[完全競争市場と不完全競争市場の違い]

	完全競争市場	不完全競争市場
価格のコントロール	できない	生産量のコントロールを通じて可能
利潤最大化条件	販売価格＝限界費用	限界収入＝限界費用
生産量	需要曲線と供給曲線の交点	限界収入＝限界費用となる点
価格	同上	その生産量が需要曲線とぶつかる点

利潤最大化を目指す独占企業は下のグラフのA点で生産し、多くの利潤を得ます。完全競争市場の企業はB点で生産し、利潤はゼロですが生産を続けます。シェアの最大化を目指す企業はC点で生産します。==つくりすぎで価格が下がり赤字ですが、ライバル企業を退出に追い込むことができ、その後の市場の独占が見込めます。==

[限界収入と利潤、総収入の関係]

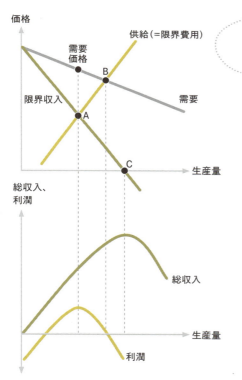

上下のグラフの関係を
ひとつひとつ
チェックしてみよう。

POINT

A点　利潤最大。
限界収入=限界費用となるA点は下のグラフの利潤の頂点と一致。
価格を高くして利潤を確保するために、生産量を抑えている。

B点　利潤ゼロ。
価格=限界費用となり、利潤はゼロ。
利潤と生産量のバランスが取れている。

C点　総収入最大。
下のグラフの総収入の頂点。
赤字だが生産量は増やすことができ、総収入も最大化できる。

未来に役立つ学び

シェア獲得は長期的な利潤最大化が目的です。たとえ短期的には赤字になっても、ライバルを駆逐して独占企業になれば、値上げをして長期的に大きな利益が見込めます。まずは無料でサービスを提供してシェアを稼ぎ、その後に有料化するWebサービスの戦略などが例としてあげられます。

第2章　ミクロ経済学　家計や企業の選択行動の謎に迫る

No.18 なぜ学割があるのか

同じ商品で価格を変える、そんな戦略もある？

　鉄道の定期券などに学生割引がある理由を考えてみたことがあるでしょうか。子ども料金があるので、その延長線上と考えている人もいるかもしれません。不完全競争市場（P52参照）では、同じ商品に対して販売する市場により異なる価格をつけることも可能です。学割が存在しているのは、企業の賢い戦略あってのことなのです。

経済学には、一物一価の法則があります。同じモノ、サービスであれば、どこでも価格は同じになるという原則です。

　現実には、この一物一価の法則が成り立たない例があります。顧客層、地域など販売する市場により、異なる価格を設定する差別価格です。鉄道などの定期券に学割があり、同じ区間でも学生以外の一般向け定期券とは価格が異なるのは、差別価格の良い例です。

　会社員が通勤のために購入する定期券は、勤務先の企業が費用を負担するため、利用する会社員は価格に対して鈍感です。一方、学生は自腹で買わなければならないため、価格に対して敏感です。

[一般向け、学生向けの定期券]

	負担	価格に対して	価格設定
一般向け定期券	勤務先	鈍感	高
学生向け定期券（学割）	自腹	敏感	低

ふたつの料金を合わせると、販売数と利益の両方が得られるんだ。

54

よみとき 企業は差別価格により利潤と売り上げの両方を狙います。

　企業の戦略としては、利益と売る量のバランスをとっていると説明できます。 学割は1人あたりの利益は薄いものの、販売数が増えます。一般向けと同じ価格にすると自転車通学などの対策をされて学割定期の販売数が落ち込みます。一般向け定期券では1人あたりの利益を厚くします。会社員は会社負担の定期の価格を気にしないからです。つまり、企業は一物一価の法則をあえてはずし、利潤と売り上げの両方を狙っているのです。

[その他の差別価格の例]

例▶電気料金

工場など産業用	安い
一般家庭向け	高い

工場では自家発電も可能なので、安い料金設定が必要。家庭では一般的に発電できないため、高い料金設定をしている。

例▶美術館などの入館料金

自国民	安い
インバウンド観光客	高い

自国民はいつでも訪問でき、ほかの施設と比較するため、ライバルの存在を考慮して集客のため料金を安く設定。インバウンド観光客は再訪の機会が少なく、価格より見学の機会を重視するため高くする。中間の共通価格では自国民から敬遠され客数が減る。

企業の戦略って面白いね

! 未来に役立つ学び

一定の売り上げがないと儲かりませんが、薄利多売では利益が出ません。価格に敏感で「高いならやめた」となる層には価格を抑えてアピールしつつ、高い価格を払ってくれる層から利益を確保する柔軟な戦略が必要です。

第2章　ミクロ経済学　家計や企業の選択行動の謎に迫る

No.19 なぜモデルチェンジするのか

企業が新型モデルを出す目的とは？

　自動車や家電、スマートフォン、高級時計やスニーカー、ブランドバッグなど、モデルチェンジのニュースは話題を呼びます。新製品の発売前夜から直営店に長い行列ができるケースもあります。モデルチェンジは広く耳目をひき、宣伝効果は抜群ですが、製品開発にはコストもかかります。企業は何を求めてモデルチェンジをするのでしょうか。

よみとき　短期的には独占的な地位。高い価格で利益が得られます。

　企業が発表したばかりの新型モデルは、独占的な地位にあります。他社の製品と異なる魅力があれば、独占的利益が得られます。
　ただし、その状況は長くは続きません。他社が黙って見ているはずもなく、まねをするためです。他社がほぼ同じものを発売すれば、独占的利益は消滅してしまいます。
　超絶レシピを考案したラーメン屋台を例に見てみましょう。

[ラーメン店の新作超絶レシピ]

例▶ラーメン屋台街

他店より100円高い値段でも大繁盛。大儲け！

→

他店が徹底研究。同じ味が出せるようになった。

→

1軒だけ高いままでは客が入らず、値下げ。

56

==新型モデル、新製品などは短期的には独占的な地位にありますが、長期的に見ると、まねをした他社と横並びになります==。そのまま放置していると、ほかと同じ価格にする必要に迫られます。

値上げをして利益を出したいなら、他社を出し抜いて再び特別なモノを生産し、販売しなければなりません。これがモデルチェンジをする意味合いです。このような市場を==独占的競争==といいます。整理してみましょう。

[独占的競争]

品質、デザイン、特許などで差別化。独占力により、利益が出る。

例▶レストランの新メニュー、自動車や家電、ブランド品などのモデルチェンジ。

短期：独占

モデルチェンジ

高くても売れる。

まねされる
他社が先発メーカーに追いつく。
独占力がなくなり、利益が出なくなる。

長期：競争

短期と長期という時間の経過によって、状況が変わるんだ。

それを繰り返しているんだね。

! 未来に役立つ学び

モデルチェンジの推進は良い意味ではイノベーションにつながります。一方、マイナーな変化でも型番を替えるなどして、価格を高くする業界もあります。ほぼ違いのないモデルチェンジはまやかし、消費者を欺く手法といえます。

第2章 ミクロ経済学　家計や企業の選択行動の謎に迫る

 No.20 公共財の考え方

公共財の適切な供給量は?

　一般道路や橋などの建設には莫大な費用がかかりますが、利用者から費用を回収できません。このため、民間企業ではなく政府が提供するほうが望ましいとされています。このような財を公共財といいます。民間企業が供給する財は私的財です。
　公共財のなかには、公園のブランコのように子どもがいる人には便利でも、単身者には縁のないものもあります。どこに何をつくるのか、どのくらいの数を用意するのか、いったい何を根拠に決めているのでしょう。
　==公共財の基本的な性質としては、非競合性と非排除性があります。==

[公共財の基本的性質]

非競合性

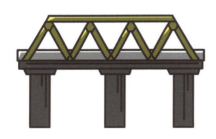

- 複数の人が同時に消費できる。
- 1人でも100人でも使える部分が増減せず、同じように利用できる。

非排除性

- 料金など対価を支払わなくても消費できる。
- 理由があっても誰かを排除できない(例/町内会の公園の清掃に参加しない住民も公園から締め出せない)。

ただし、すべての公共財が両方を兼ね備えているわけではない。

よみとき 限界便益と限界費用で判断できる。

公共財にも需要と供給があり、最適な供給量を判断することができます。公園にブランコを設置する際、何台にしたらよいかを考えてみます。

公共財は無料なので私的財のように効用最大化条件は使えませんが、消費者が満足度を高める行動をとることと同じような考え方ができます。公共財を利用したときに得られる便益（ベネフィット）は効用と似ていて、公共財の利用が消費者にどれだけ役立つかをあらわします。

公共財がひとつ増えることで追加的に得られる便益を、限界便益（限界評価）といい、公共財の数が増えるほど小さくなっていきます。実は、この**限界便益のグラフが公共財の需要曲線**になります。公共財の生産にも当然、費用がかかり、その**限界費用が公共財の供給曲線**となります。

第2章 ミクロ経済学 家計や企業の選択行動の謎に迫る

[公園のブランコの数]

1台 子どもは大喜び。大きな限界便益が得られる。

2台 子どもは喜ぶが、1台めほどではない。

3台 数が増えても、ひとりでは有効に使えないね。

限界便益は小さくなっていく。

2つの曲線の交点でブランコの数が決まる。

公共財の供給量

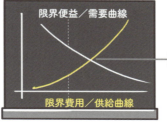

限界便益／需要曲線
限界費用／供給曲線

[公共財最適供給条件]

公共財の供給量は、社会的限界便益 = 限界費用で決まる。

高速道路などの料金や税金は フリーライダーを防ぐ対策

　では、販売して建設費用の回収ができない公共財は、誰がどのように費用を負担するべきでしょうか。費用調達の方法として、リンダールモデルがあります。限界便益の高い人が、より多く負担すべきというものです。

　公園のブランコであれば、ブランコで遊ぶ子どもがいる人は限界便益が高く、高齢者や子どもがいない人は低く評価されます。公共財を使って、得をする人がより多く負担する合理的な決め方のように見えます。

　ここで注意したいのがフリーライダーです。限界便益ゼロと申告して費用負担を免れながら、実際には利用して便益を得る人をいいます。成功例を目の当たりにした人は、次の機会にはそのやり口をまねるでしょう。そうしてフリーライダーが増えていくと、必要な費用が集まらず、公共財を提供できなくなってしまいます。

[公園にブランコをつくる場合]

リンダールモデル

		限界便益	費用の負担
	毎日ブランコで遊ぶ子どもがいる人	高い	多い
	ブランコをまったく使わない人	0	0

負担0、でも将来
子どもができて使ったら
フリーライダーが出現!

それは
不公平だね。

"ただ乗り"という意味で
フリーライダーというんだ。
公共財の非排除性ゆえ、
利用を拒むことは
できない。

60

他人に費用を押しつけるフリーライダーを防ぎ、公共財の生産に必要な費用を集めるには、どうしたらいいでしょうか。

受益者負担の原則にもとづき、公共財の使用料を徴収するのが、ひとつの対策です。たとえば高速道路は、利用する人は便益を得ているので、その分の料金を支払います。サービスを利用する際に、手数料という名目で支払いをする例も多くあります。

税金などによる**強制徴収**が適当な公共財もあります。たとえば、街灯は公共財であり、建設後には電気代がかかりますが、通行人から料金を徴収するのは大変困難です。そのような場合は、強制徴収された税金から電気代を払うほうがいいと判断することができます。

[公共財の費用負担の方法]

公共財	個人の負担の程度	負担の方法
高速道路	距離、車種、時間帯などに応じて負担	料金の支払い
街灯	距離、明るさなど便益に応じた負担算定は困難	税金から

街灯に照らされて移動した距離とかメリットとか、とても計算しきれないね。

ムリにでも複雑な料金体系を設けて徴収したら、かえって費用がかかってしまうよ。

！ 未来に役立つ学び

負担と給付の関係は重要です。福祉も給付と同じで、ヨーロッパのような「高負担、高福祉」か、アメリカのような「低負担、低福祉」か、考えるきっかけになります。「低負担、高福祉」はありえませんが、日本ではそんな政策を聞くことがあります。どういう社会を求めるかを決めるのが選挙です。

No21 **犯人を自白させる方法**

ゲーム理論と囚人のジレンマとは?

　ゲーム理論は企業など複数の経済主体が、いくつかの戦略のなかからどれを選択するかを考える分野です。フォン＝ノイマンによって示され、ナッシュが発展させました。経済学の多くの分野で採用され、いまでは欠かせないツールとなっています。
　いったいどのようなものでしょうか。
　囚人のジレンマという有名なゲームを例にとってみます。
　登場するプレーヤーは２名。それぞれがいくつかの選択肢、すなわち戦略をもっていて==「自己の利得が最大になるような戦略を選択する」というルールにもとづいて行動します==。利得とは、効用や利潤と同じものです。あらかじめ利得表が示され、どの戦略を選ぶかを考えます。

［ 囚人のジレンマ ］

設定

1. あなたと相棒は、銀行強盗の容疑で逮捕された。
2. ふたりとも自供しなかったので、別々の部屋に移された。
3. 取調官がふたりに同じ条件、利得表を提示し、自白か黙秘かの選択を促す。

ルール

1. 戦略は、黙秘するか、自白するか。
2. 自己の利得が最大になるような戦略を選択する。

よみとき 合理的に行動しても望ましい結果にならないこともあります。

[囚人のジレンマの利得表]

*懲役はマイナスなので「−○年」と表記。

		相棒◎の懲役年数	
		黙秘	自白
あなた★の懲役年数	黙秘	★−3年　◎−3年	★−10年　◎−1年
	自白	★−1年　◎−10年	★−5年　◎−5年

あなたの立場

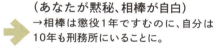

（あなたが黙秘、相棒が自白）
→相棒は懲役1年ですむのに、自分は10年も刑務所にいることに。
自分だけ大損！

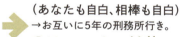

（あなたも自白、相棒も自白）
→お互いに5年の刑務所行き。
OK。これなら対等。

（相棒が黙秘、自分も黙秘）
→お互いに懲役3年。
相棒が口を割らない保証はナシ。信じて自分だけ損はイヤ。

（相棒が黙秘、自分は自白）
→相棒は懲役10年、自分は1年ですむ。
いちばん得できる。でも、相棒が黙秘を貫けるかはわからない……。

複数のプレイヤーが選んだ戦略がゲームの解。

「裏切ったほうがお得だよ」と悪魔がささやく!

相棒の立場

➡ (相棒もあなたも黙秘)
→ふたりとも懲役3年。
自分は黙っていても、あっちはしゃべるかも……。

➡ (相棒は自白、あなたは黙秘)
→あっちは懲役10年だけど、自分は1年ですむ。
いちばん得できる。でも、あっちが黙っているか確信はもてない。

➡ (相棒は黙秘、あなたは自白)
→自分だけ懲役10年で、あっちは1年だけ。
自分だけ大損!

➡ (相棒もあなたも自白)
→ふたりそろって懲役5年。
OK。対等な罰。

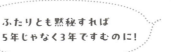
ふたりとも黙秘すれば5年じゃなく3年ですむのに!

　ゲームの解はナッシュ均衡ともいい、ひとりしか選ばなかった戦略は答になりません。前ページの表で波下線、二重下線の両方があるところ、すなわちともに自白となり、巧妙なゲームを仕掛けた取調官は自白を引き出すことに成功します。
　こうした利得表のゲームの解は0個から2個で、囚人のジレンマは解がひとつであるのが特徴です。==相手に関係なく自分の利得が最大になる戦略がひとつに決まることを支配戦略==といい、ここではふたりとも自白が支配戦略で、これを支配戦略均衡といいます。

囚人のジレンマでは、お互いに黙秘することがもっとも良いとわかっているのに、ふたりとも自白します。つまり相手に協力しません。==囚人のジレンマで自白を引き出したのは、利得表の数値です==。数値の設定を変えれば、行動も変えられます。

下の利得表は、逢引のジレンマというゲームです。ふたりが今度の週末にどこに行くのかを決めようとしています。囚人のジレンマと同じようにゲームを解くと、「映画、映画」と「スポーツ、スポーツ」という2つの解が得られます。しかも、どちらもふたりにとって望ましい解です。このゲームでは、ふたりの「交渉力」によって行き先が決まります。

合理的に考える人々の行動は予測できます。==人々の行動を良い方向に導くしくみを考えるのは、経済学の重要な役割です==。

[逢引のジレンマの利得表]

*数値はうれしさ。大きいほどうれしい。

| | | Bさん◎のうれしさ ||
		映画	スポーツ
Aさん★のうれしさ	映画	★8　◎6	★4　◎2
	スポーツ	★1　◎3	★5　◎7

合理的な人々は、性善でも性悪でもない。

Aさんの立場（波下線）
・Bさんが映画を選んだ場合
　自分はスポーツ（うれしさ1）よりも映画（うれしさ8）を選ぶ。
・Bさんがスポーツを選んだ場合
　自分は映画（うれしさ4）よりもスポーツ（うれしさ5）を選ぶ。

Bさんの立場（二重下線）
・Aさんが映画を選んだ場合
　自分はスポーツ（うれしさ2）よりも映画（うれしさ6）を選ぶ。
・Aさんがスポーツを選んだ場合
　自分は映画（うれしさ3）よりもスポーツ（うれしさ7）を選ぶ。

「映画・映画」か「スポーツ・スポーツ」が選ばれる。

✏️ 未来に役立つ学び

2つの勢力や国が対立し、「自分から謝れば丸くおさまるが、相手がいい気分になるからしたくない」と緊張状態が続くことが多くあります。囚人のジレンマと同じく、互いを信じて協力し合えば最大の利益を得るとわかっていても、自分だけが損をする可能性を避け、結果的にともに損をしているのです。

No.22 勉強はご褒美が必要か

しっかり働いてもらうにはどうすればいいか？

　完全競争市場は、すべての参加者が正確な情報を有することを前提としています。現実には、経済の主体間で情報が偏在していることがほとんどです。上司の目の届かないところで部下がまじめに働いているか上司にわからないのは、その身近な一例です。ミクロ経済学はどう対応したらいいのかヒントを授けてくれます。

　十分な情報をもっている人ともっていない人がいることを、情報の非対称性といいます。わかりやすい例として、子どもの学習状況があげられます。親が子どもに「きちんと勉強しているか？」と聞くのは日常風景でしょう。子どもは自分のことなので正確な情報がありますが、親はわからないので質問し、情報を得ようとします。このような両者の関係を**エージェンシー問題**といいます。

[エージェンシー問題]

例▶子どもの学習状況

親　依頼人／プリンシパル
代理人に勉強してほしいと依頼する。

本当に勉強しているかどうかは、子どもの言うことだけではわからない。

患者と医師、クライアントと弁護士、株主と企業経営者なども同じ。依頼人には代理人がまじめに取り組んでいるかどうかの情報がない！

子ども　代理人／エージェント
依頼人から勉強するように依頼される。

よみとき 四六時中の監視よりもインセンティブ契約で克服。

こうした情報の非対称性を克服する方法のひとつが、**モニタリング**です。代理人がしっかりと仕事に取り組んでいるかどうか、依頼人が監視する方法です。有効な対策ですが、たとえば親が四六時中、子どもに付き添って見張っていたら、親自身がほかのことをできなくなります。第三者への監視の依頼も考えられますが、今度は第三者がきちんと監視しているかわからないというエージェンシー問題が発生します。

そんなときに有効なのが、成功報酬を約束する**インセンティブ契約**を結ぶ方法です。インセンティブ契約により代理人は報酬を得るために努力することが予想され、モニタリングの必要がなくなります。==契約を用いることで、情報の非対称性を解消しなくても目的を果たせることがポイントです==。

[モニタリングとインセンティブ契約]

モニタリング
ずっと監視してたら仕事も家事もできない…。

インセンティブ契約
テストが70点なら3,000円、90点なら5,000円の成功報酬！

ご褒美がもらえるように頑張るよ。

条件を細かく設定することもできる。

! 未来に役立つ学び

歩合制賃金もインセンティブ契約。モチベーションが上がりますが、適切な契約、ルールが必要です。失敗したら罰を与えるペナルティ契約もありますが、インセンティブ契約より努力水準が低く、効率が悪いといわれます。

第2章 ミクロ経済学 家計や企業の選択行動の謎に迫る

No23 自由投票は民主的か

経済学は社会のルールを考える学問なのか？

　完全競争市場にさまざまな経済主体が集まり、売買をするところは投票に似ています。価格が高すぎれば買わない、価格が安すぎれば売らないという行動は、それぞれの選択を示しており、自由に投票する場ととらえることもできます。自由投票によって意思を示すことができれば、多数派の声が通る世の中になるのでしょうか。

　そこでここでは、人々による自由な投票とそれによりもたらされる結果について考えてみます。民主主義国家において選挙は国民が主権者として政治に意思を反映させる重要な機会ですが、自由に投票できれば社会的に望ましい状況に到達することができるのでしょうか。きわめて小規模の例を見てみます。

［ 候補者、有権者とも3名での自由投票 ］

例▶候補者はX、Y、Zの3人、当選人数は1人の場合。
・有権者A、B、Cは、それぞれ考えが異なり、候補者を好ましく思う順番も三者三様。

優先順位	A	B	C
1位	X 当	Z 当	Y 当
2位	Y	X	Z
3位	Z	Y	X

これじゃ決まらないよ！

投票結果
X、Y、Zが1票ずつ獲得。決着つかず。

違う投票の方式を考える必要があるね。

68

よみとき 社会のしくみを知り問題点と解決策を考える分野です。

このままでは当選者が決まらないので、候補者2人による予備投票の後、その勝者ともう1人で決選投票を行う方式を考えます。トーナメント戦のような戦い方です。

[予備投票＋決選投票に変更]

- 予備投票で対決する組み合わせを入れ替え、決選投票での当選者を考える。

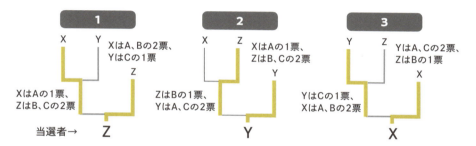

これでは現実の選挙でも、**予備投票のやり方により選挙結果を操作できることになります。アローの不可能性定理といわれるものです**。数学者アローは有権者の意向を完全に反映させる投票システムが存在しないことを数学的に証明しました。

選挙は多数決で決まるはずですが、少数派が勝利し、有権者の考えを反映できないこともあり、投票のパラドクスといわれます。アメリカではゲリーという政治家が選挙区の区割りを変更し、自党の候補者が多く勝つよう悪用した例があります。複雑に区割りした形が龍のような生き物サラマンダーに似ていたことから、選挙区を自党に有利に設定することを**ゲリマンダー**といいます。現在も、選挙区の区割りによって民主党が共和党よりも不利になっているといわれており、選挙結果が注視されます。

未来に役立つ学び

万能な投票システムがないからこそ、政府には社会的に望ましい投票ルールをつくる責務があるといえます。経済学は経済主体の行動を理解したうえで適切なルールを考え、社会の改善に貢献する学問領域でもあるのです。

ライフプランをたてる

　ライフプランとは、すなわち生活設計。どんな人生を歩みたいか明確にプランニングすることをいいます。さまざまなライフイベントについて、何歳ごろにどうしたいかを考えてみましょう。それぞれについて、およその金額を知っておくことが重要です。

　たとえば、結婚と子ども。何歳ごろに結婚したいか、それとも結婚は望まないか、子どもはいつごろ何人ほしいかなど書き出してみてください。マイホームはどうするのか、どこでどんな住居に住み、どんな暮らしをしたいか思い描いてみましょう。

　結婚式をあげて、新婚旅行に行くには、数百万円の金額が必要です。子どもには教育費用がかかります。公立校と私立校では違いますが、大学までひとり1,000万～2,000万円はかかると見ておきましょう。

　子育てと並んで資金が必要なのが住居です。30歳で2,000万～5,000万円の家を購入し、35年ローンを組むと65歳まで返済が続きます。

　子育てと住宅ローンが何歳まで続くか、それによって何歳まで働くかも変わるでしょう。子どもが自立したころに親の介護が始まる可能性なども考慮する必要があります。

　もちろん仕事についても、つきたい職業、キャリアアップなど希望をまとめ、そのための準備と計画を進めることが重要です。

　退職したあとは、年金などの社会保険とともに現役時代に築いた資産を消費にあてることになります。年齢が上がると医療費がかかるようになるため、収支バランスがとれるように計画しましょう。

　金融庁や日本FP協会のウェブサイトではライフプランのシミュレーションができるので、利用してみるのもひとつの方法です。

第3章

マクロ経済学
1国の経済をまとめて分析する方法

第3章で学べること

第2章で学んだミクロ経済学とは対照的に、マクロ経済学ではひとつの国の経済全体をまとめて分析します。消費や物価、金融・財政政策、経済成長などを、上から俯瞰するように全体として眺めて、考えてみましょう。

経済学の世界にも派閥がある

古典派、ケインズ派などがあり、それぞれ大きく考え方が違います。古典派の祖は、18世紀後半、「神の見えざる手」により市場経済は安定すると唱えたアダム・スミス。国家が介入しない自由な経済活動を重視し、リカードらが続きました。
20世紀に入って近代経済学を変革し、マクロ経済学の基礎を築いたのがケインズです。政府による積極的な介入を唱え、先進各国の経済政策に多大な影響を及ぼしました。　⇨No30,33,34,36,37

古典派

アダム・スミスは『国富論』などを発表、経済学の父といわれる。リカードは自由貿易主義を唱えた。

アダム・スミス　　リカード

ケインズ派

ケインズは経済学にとどまらず、政治、哲学などの分野でも功績を遺した。

ケインズ

アダム・スミスとケインズの名前は知ってる。

とくに大きく意見が分かれるのが、通貨市場と労働市場なんだ。

経済面で政府が果たす役割

資源の再配分、所得の再分配、経済の安定化という3つの役割があります。経済の安定化では、さまざまな財政政策や金融政策がとられます。　⇨No.32,33
たとえば、財政政策として増税や国債発行を財源に公共事業を行うのは、雇用拡大、所得の増加が目的です。　⇨No.28
金融政策については、ケインズ派ではお金の量を増やすと雇用が増え、GDPが増加すると考えます。　⇨No.30

物価が上がったほうがいい理由

需要の増加によるインフレであれば景気拡大につながることが期待できます。企業の売上、利益が拡大し、設備投資が活発に行われ、従業員の給料が上がれば、消費が活発になり、好循環が生まれます。　⇨No.37

No.24 経済を俯瞰してみよう

国全体の経済を どうやって分析するのか?

　国の経済活動はあまりに多岐にわたり、その状況は複雑に入り組んでいます。国の経済全体を大局的にとらえ、正確に分析するには、ミクロ経済学とはまるで異なる大きな物差しが必要になります。
　より広い視野で、経済を俯瞰するのがマクロ経済学です。家計、企業、政府という経済主体ごとに見るミクロ経済とは異なり、**ひとつの国の経済全体の動きをとらえる学問です**。その国の消費、物価、金融、景気循環、経済成長などを考えます。この章では国内の経済を分析し、次の章で国際経済を見ていきます。

[マクロ経済学が取り扱う分野]

消費、物価、景気循環

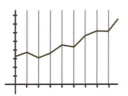

金融政策、財政政策

経済成長、GDP

雇用統計

マクロ経済学の枠組みはケインズ経済学ともいわれる。

マクロ経済学は3つの市場に分けて学びます。

第3章 マクロ経済学 1 国の経済をまとめて分析する方法

マクロ経済学では、市場を財市場、通貨市場、労働市場の3つに分けて考えます。そこから総合して全体を俯瞰していきます。

財市場とは、モノとサービスの財の市場です。家計の消費、企業の設備投資、政府支出などについて見ていきます。貯蓄や租税の話も含まれます。

通貨市場では、支払いのために通貨を手に入れようとすることが通貨の需要で、中央銀行、民間銀行が供給します。中央銀行は資金の量をコントロールします。

労働市場は、労働者を採用する企業が需要者、仕事を探す家計が労働の供給者であり、財市場と立場が逆になっているところがポイントです。

[マクロ経済の3市場]

財市場

モノ、サービスの売買、企業の設備投資、政府支出、貿易。

通貨市場

通貨の需給、金融取引、金融政策。貨幣市場、金融市場とも呼ばれる。

労働市場

労働の需要と供給、雇用・失業問題。

通貨市場と労働市場ではとくに、ケインズ経済学と古典派経済学で大きく意見が分かれるんだ。

両方をくらべて理解するようにするよ。

! 未来に役立つ学び

経済はとても複雑なので、各市場に切り分けて考え、後で総合して考えるという手法をとります。こうしたアプローチは、ビジネスにおいて課題に取り組む場合など、ほかの分野でも応用できるでしょう。

No25 経済の規模はどうやってはかるのか

GDPの数値は経済の何をあらわしている?

国の経済規模をはかる指標としては、GDPがよく知られています。GDPというのはGross Domestic Product(グロス ドメスティック プロダクト)の略で、日本語にすると国内総生産。**国内で生み出された付加価値を合計することで算出されます**。付加価値とは売り上げから原材料費を引いたもので、私たちの「仕事」を数値化したものです。国内の生産額を合計した産出額から中間投入を差し引いたものを、国全体という意味で総付加価値といいます。

GDPの計算式は、あと2通りあります。企業が生み出した付加価値は従業員の賃金、政府への税金に分配されるため、この分配を合計する計算式がひとつ。もうひとつは支出面の計算式で、消費や投資、政府支出などを合計するものです。

[GDPの計算式]

どの式でもGDPの数値は同じ。これを三面等価の法則という。

生産面

GDP = 産出 − 中間投入
（総付加価値）

分配面

GDP = 雇用者報酬＋営業余剰＋
固定資本減耗(げんこう)＋（間接税−補助金）

支出面

GDP = 消費＋投資＋政府支出＋（輸出−輸入）

　　　←―― 内需 ――→　　←― 外需 ―→

76

経済規模と経済成長をあらわしています。

　GDPは国の経済規模をあらわすランキングによく使われます。家計調査、法人企業統計、鉱工業指数、貿易統計などさまざまな統計をもとに計算されていて、国による細かな差異はあっても、同じ方法で作成されるため国際比較が容易なのです。
　年ごとの国のGDPの伸び率をGDP成長率、また経済成長率と呼びます。GDPは3か月に一度（四半期）発表され、四半期のGDPの伸び率にも成長率という言葉が使われます。国の経済発展の目安として広く用いられていることがわかります。
　ただし、経済学では短期の景気循環と長期の経済成長は分けて考えます。**数か月から数年程度のGDPの変化を景気循環、数十年といった非常に長期にわたるGDPの変化を経済成長と位置づけています**。

[GDPと経済成長]

景気循環と経済成長

波が景気循環、矢印が経済成長のトレンドをあらわす。

投資が経済成長のカギのひとつだよ。

経済成長の要因

企業が投資をする
→

生産能力が増える
→
経済が拡大する GDP↑

消費じゃないんだね。

未来に役立つ学び

　名目GDPでは、日本は2023年にドイツに抜かれ4位になりました。2027年にはさらにインドに抜かれて5位になると予想されています。

第3章 マクロ経済学　1 国の経済をまとめて分析する方法

No26 消費をめぐるあれこれ

経済全体の消費を どうやってとらえる?

　毎日、少しでも安いスーパーで食料品を買う人もいれば、ボーナス払いでほしいものをがまんせずに手に入れる人、お昼はカップ麺にしてブランド品を買う人など、お金の使い方は人それぞれ異なります。どんな手法をとれば、国全体としての消費を正確にとらえ、分析できるでしょうか。

　経済全体で見た場合、消費は所得の増加にともない増えていきます。**消費を決定づける要因と消費との関係は消費関数であらわされ、基本的な要因が所得水準です。** 所得により消費が決まる関係を示しています。

[消費関数]

所得が1増えると消費がどれくらい増えるかをあらわす。0〜1の間で、1に近いほどより多く消費する傾向。たとえば、所得が1万円増えて8,000円使った場合は0.8。

消費 ＝ 限界消費性向×所得 ＋ 基礎消費

この形の消費関数はケインズ型とも呼ばれる。国全体の所得はGDPのことだ。

所得が0でも必要な最低限度の消費水準。所得がゼロのときには貯蓄を取り崩す。

よみとき 消費関数などを使って所得と消費、貯蓄を分析します。

第3章 マクロ経済学 1 国の経済をまとめて分析する方法

　所得のうち消費に使わなかった分は貯蓄にまわります。言い換えると、消費と貯蓄を足すと所得額になります。貯蓄も所得が増えるほど増加します。所得ゼロでは基礎消費の分がマイナスになり、貯蓄を取り崩す必要がありますが、所得が増えるにつれ貯蓄できるようになり、その額が増えていくということです。

　消費は必要不可欠なものに限りません。見せびらかすための**ヴェブレン効果**、自尊心を満足させる**デモンストレーション効果**などの消費もあります。所得水準が下がっても消費がさほど減らない**ラチェット効果**も見られます。

　これらの効果を考えると、景気と消費の関係は複雑になります。

[限界消費性向と限界貯蓄性向の関係]

限界消費性向 + 限界貯蓄性向 = 1

所得が増えたとき貯蓄がどれだけ増えるかをあらわす。

[消費と人間の心理]

見栄とか自尊心とかがお金の使い方に影響するんだ。

ヴェブレン効果

虚栄心を満たしたい ⇨ 高級品を購入

＊高価になるほど羨望が強まり、消費は増大。

ラチェット効果

転職で所得が低下 ⇨ 消費水準を維持

＊貯蓄が減っても生活スタイルをキープ。

 未来に役立つ学び

日本人よりもアメリカ人のほうが限界消費性向が高いことが知られています。クレジットカードで決済し、支払えず延滞するケースが増えやすい土壌があります。限界消費性向の違いは経済政策の効果にも影響を及ぼします。

No27 企業が工場をつくる条件は

企業の投資判断は何によって決まるのか？

　製造業で工場を建てたり、機械を増やしたり、小売業で新しい店舗をオープンしたりするのは、企業の投資です。生産活動を行うには定期的な設備の更新が欠かせませんし、規模の拡大にも設備投資が必要になります。その資金を調達するために、広く行われるのが銀行からの借り入れ。大きな借金をつくるリスクと投資の成果を得る見込みを、企業はどうやって判断しているのでしょうか。

　銀行から資金を借りたら、元本の返済だけでなく利子（金利）を払わなければなりません。**企業が注目するのは、この利子と投資から得られる収益です。利子よりも収益のほうが大きければ投資を行い、そうでなければ行わないと判断します**。

　比較をする際は、投資の規模による影響を避け、収益率と利子率を用います。

[投資を行うか否かの経営判断]

銀行	企業	工場建設計画

利子率　≦　収益率　─ならば→　**GO!**

利子率　＞　収益率　─ならば→　**STOP!**

「利子率」は「金利」と同じ意味。

なるほど、この比較はわかりやすいね。

ポイントは借入金利と収益との比較です。

　投資がどのような要因で決定されるかを計算式であらわしたものを、投資関数といいます。**プロジェクトの収益率と利子率をくらべ、投資を行うか否かを決める計算式はケインズ型投資関数といいます**。借入金利よりもプロジェクトの収益率のほうが高ければ、投資を行うという理論です。難解な数式ではなく具体例を考えてみましょう。

[利子率とプロジェクトの収益率による投資の判断例]

利子率	プロジェクトA 収益率8%	プロジェクトB 収益率5%	プロジェクトC 収益率3%
10%	×	×	×
7%	○	×	×
4%	○	○	×
1%	○	○	○

利子率が3%以下になると3つのプロジェクトともGOになる。

　銀行の利子率が上昇すると投資を行う企業は減ります。上昇した利子率よりさらに高い収益率を見込めるプロジェクトは限られるためです。投資関数からは、利子率が下がれば企業の投資が増えることになります。**政府の政策で利子率を変化させることができれば、企業の投資額をコントロールできることになります**。

　なお、住宅購入もマクロ経済学の投資に含まれ、利子率が下がると購入が増えます。

未来に役立つ学び

日本では利子率が下がるほど投資が増えるとして低金利政策が続けられましたが、正しくありません。経済理論では利子率が0%で収益率が1%なら投資をしますが、現実の企業の経営者は、収益率の低い投資は行いません。

No.28 公共事業は役に立つか

なぜ政府は借金までして公共事業を行うのか？

　大規模な自然災害の発生時には誰もが政府に対応を求めますが、平時には大型施設建設など無駄なハコモノだと批判する声も上がります。政府が巨額を投じ、借金をますます増やしてまで公共事業を行う意味はあるのでしょうか。
　政府が歳入、歳出を通して行っている財政政策を考えてみましょう。
　歳入とは1年間の収入であり、増税または国債の発行を財源として増やすことができます。国債は国の借金であり、いつかは返す必要があります。歳出とは、1年間の支出です。政府は何にどれだけお金を使うか決定します。なかでも、景気対策として用いられるのが公共事業です。

よみとき 雇用と所得を増やすため公共事業が行われています。

　道路工事や高速通信網などの公共工事を行えば、雇用を生み、雇用された人の収入につながります。雇用拡大、所得の増加をはかり、GDPが増加するのです。

[**公共工事の目的**]

政府 ➡ **建設会社** ➡ **職人** ➡ **レストラン**

道路工事を発注。　工事を行う。職人に給料を支払う。　給料をもらいレストランへ。　売上アップ。従業員の給料アップ。

景気対策にあてる財源をいかに確保するかを考える際、重要なポイントとなるのがGDPへの総合的な影響です。増税と国債発行という異なる財源により公共事業の支出を増やした場合にGDPがどうなるかを見てみましょう。

[政府支出の財源とGDPへの影響]

	資金調達の効果	政府支出増の効果	総計
増税	GDPダウン❶	GDPアップ	GDPアップ❷
国債発行	GDP影響なし	GDPアップ	GDPアップ❸

POINT

❶ 国民の可処分所得が減るため。可処分所得は所得から税を引いた、いわゆる手取り。消費に使えるお金。

❷ 公共事業などへの支出でGDP増加効果が得られる。マクロ経済学の計算式では、増税で得た全額を支出した場合も±0ではなく、わずかに増加する。

❸ 国債発行による資金調達ではGDPを大きく増やす効果あり。

国債などの残高が1,300兆円に迫り、過去最大と問題になっているね。

使い道をきちんと考えないといけないね。

未来に役立つ学び

日本の公共事業費は予算のわずか5%程度。近年の景気支援策は、企業の資金援助や新しい産業の育成にも広がっています。借金を増やすのは簡単ですが、減らすのは政治的に難しいのが現状です。借金はいつかは返さなければなりません。財政政策への関心を持ち続ける必要があります。

No29 お金の役割

お金はどうして価値を認められている？

　紙幣はお金でなければ、紙切れです。硬貨もお金でなければ、ゲームのチップと変わりません。皆が価値を認めるお金はどのような経緯で誕生し、何をもってその国のお金というのでしょうか。お金はどのような役割を果たしているのでしょう。

　古代の世界では、人々は貝殻や石などをお金、すなわち通貨として使っていました。「貨」「貸」「資」など、お金に関わる漢字の部首に貝が使われていることも、それをはっきりと物語っています。

よみとき 通貨によって取引が円滑になり資産の保有も容易になりました。

　現代社会で使われている通貨は、紙幣と硬貨です。お金、通貨というと現金をイメージするかもしれませんが、銀行預金も通貨に含まれます。**通貨には3つの機能があります。**

[通貨の3つの機能]

価値尺度
財の価値を
数値であらわす。

流通手段
交換（取引）を仲介する。

価値保存
購買力を保つ。

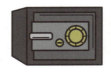

「バゲットの価値はバターよりも高い」といわれてもピンときませんが、「バゲットは1個400円」といえばはっきり価値がわかります。これが==通貨の価値尺度==です。

==流通手段の機能の有用性==は、物々交換のみの社会を考えるとわかります。パンを食べたい画家は、絵を欲しがっているパン屋さんを探す必要があります。通貨があれば、画家は絵を売って、そのお金でパンを買うことができ、取引は円滑になります。

価値尺度、流通手段だけなら通貨はイワシでも花びらでもかまいませんが、時間が経つと傷んで保存がききません。==形と価値が保持==されてこそ購買力が保たれます。

国家が存在する現代社会では、お金は法律で認められた法定通貨だけ。==法定通貨には強制通用力==があり、「ウチでは受け取りません」と拒否することができません。

[日本銀行が用いる通貨の指標]

国が発行するお金

日本銀行

ハイパワードマネー
（現金の残高＋民間銀行が日本銀行に預けている金額）

国全体のお金の残高

マネーストック
（現金の残高＋家計や企業が銀行に預けている金額）

日本銀行はお金の発行や金融政策を行う特別な銀行だよ。

お金には2つの指標があるんだね。

近年は、法定通貨ではない暗号資産の利用実績が増えています。==多くの人が使えば使うほど通貨としての役割を果たすようになる効果をネットワーク外部性といいます==。

世界中でキャッシュレス化が進み、中央銀行がデジタル通貨（CBDC、P240参照）を発行する新しい形も広がりつつあります。銀行預金からの資金シフトが予想され、通貨市場、金融市場に甚大な影響を与えうる動きとして注視されます。

! 未来に役立つ学び

お金は安心して安全に使えるものであるべきです。慣れ親しんだ紙幣と硬貨は安心・安全に思えるかもしれませんが、紙と金属よりも確かな安心・安全が保証される通貨の形が登場する可能性もあります。

第3章 マクロ経済学 1 国の経済をまとめて分析する方法

No30 お金と経済の関係

お金の量を操作すると景気が良くなる?

　日本の中央銀行である日本銀行が何かを発表すると経済ニュースとして注目されます。中央銀行がお金の量をコントロールすることで、景気が上向きになる、経済が活性化するなどといわれますが、どんなメカニズムなのでしょう。

　中央銀行による金融政策には3つの手段があります。国債の売買をする**公開市場操作**、民間銀行が中央銀行からお金を借りるときの金利である**公定歩合の操作**（政策金利とも呼ばれる）、それに中央銀行による法定準備率である**準備率操作**です。法定準備とは、民間銀行が中央銀行に預けなければならないお金のことを指します。

　金融政策を行う際に指標となるのが、ハイパワードマネーとマネーストックです（前項参照）。**中央銀行は供給する通貨の量を増減させたり、銀行の行動を変えたりすることで、市中に出回るお金の量をコントロールしているのです。**

[中央銀行の3つの金融政策手段]

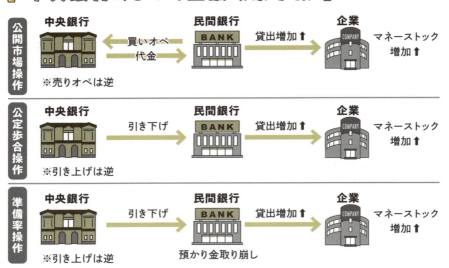

よみとき お金の量を増やすと景気が良くなるのがケインズ説。

　注意したいのは、ここまでの解説が**ケインズ派の通貨市場**の姿であることです。この後の項目で学ぶように、ケインズ派ではマネーストックが増えると雇用が増えてGDPが増加すると考えられています。

　古典派の通貨市場は、貨幣数量説ともいいます。古典派の考え方のポイントは、マネーストックを増やす金融政策がGDPに良い影響を及ぼすことはなく、物価のみを上昇させるとするところです。つまるところ、マネーストックを増やしたり、減らしたりする金融政策は意味がないことになります。

[古典派VSケインズ派]

古典派

- 財市場は生産、流通、消費という経済の実体部分をあらわすが、通貨市場は物価水準を決めるだけ。物価の上下はGDPに影響しない。
- 2つの市場は別々に機能する（古典派の二分法）。

アダム・スミス　　リカード

ケインズ派

- 財市場と通貨市場は密接につながっている。
- 通貨市場をコントロールすると財市場に影響が及び、GDPを変化させる。

ケインズ

古典派はアダム・スミスやリカードなど、ケインズよりも前の世代の経済学。その考え方は形を変えて現在も残っているんだ。

未来に役立つ学び

マクロ経済学では、金融政策は中央銀行がマネーストックの量を操作する政策とされています。現実には世界の多くの中央銀行が利子率の操作をおもな金融政策手段としており、経済学の教科書との食い違いが見られます。

第3章 マクロ経済学　1 国の経済をまとめて分析する方法

No31 国内経済をひとつのグラフであらわす

国の経済を分析する便利なツールはある？

　ここまで財やサービスを取引する財市場、お金を取引する通貨市場を見てきました。現実社会ではそれぞれの市場は個別に動くのではなく、互いに影響し合っています。複雑な関係を整理して、国の経済を分析できるツールはあるのでしょうか。

　マクロ経済学において財市場と通貨市場の関係を読み解く際に、標準的モデルとされるのがIS-LMモデルです。IS曲線とLM曲線を用います。

　IS曲線のIはInvestment（投資）、SはSaving（貯蓄）で、IとSが等しいときのGDPと利子率をあらわします。投資は投資関数、貯蓄は消費関数のところで学びました。**IS曲線は、財市場の需要と供給が均衡する状況をあらわし、右下がりの線**となります。LM曲線のLはLiquidity（通貨需要）、MはMoney（通貨供給、マネーストックのこと）。**LM曲線は、通貨市場の需要と供給が均衡する状況をあらわしており、右上がりの線**となります。

[IS曲線とLM曲線]

財市場

縦軸：利子率／横軸：GDP
IS曲線（右下がり）

投資と貯蓄が等しくなる利子率と国民所得の組み合わせ。

通貨市場

縦軸：利子率／横軸：GDP
LM曲線（右上がり）

通貨の需要は、国債など価値のあるものを換金したい、という要求のこと。

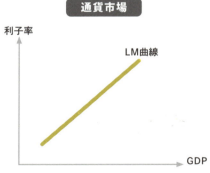

よみとき マクロ経済学の標準的モデル、IS-LMモデルが役立ちます。

IS曲線とLM曲線の両方をグラフに描くと、IS-LMモデルになり、財市場と通貨市場を統合して分析できます。財政政策はIS曲線、金融政策はLM曲線に関係しているため、政策の効果を分析する際に、IS-LMモデルが使われるということです。

IS曲線とLM曲線の交点は、財市場と通貨市場が同時に均衡するポイントです。ここで均衡国民所得と均衡利子率が決定されます。均衡国民所得は財市場と通貨市場の需要と供給が一致するときのGDPです。マクロ経済学ではGDPのことを国民所得と呼ぶ習慣があるため、均衡国民所得という言葉が使われます。

[IS-LMモデル]

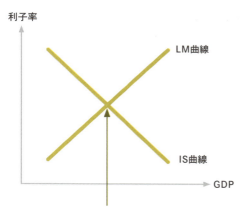

ここが財市場、通貨市場を同時に均衡させる所得と利子率の組み合わせ。

IS-LMモデルの交点は、現実のGDPの水準、経済をあらわしているんだ。

合体させると見えてくるんだね。

未来に役立つ学び

IS-LMモデルは、経済をひと目であらわす便利な道具です。均衡国民所得は現実のGDP、均衡利子率は長期金利（10年国債利回り）と考えると、現実の経済の姿が見えてきます。

第3章 マクロ経済学 1 国の経済をまとめて分析する方法

No32 経済政策の効果

政府の経済政策によって経済は何が変わるのか?

　政府の経済政策の効果はどうやって見定めたらいいのでしょうか。経済政策によって本当に景気が良くなるのか、逆に悪くなるのか、どのような組み合わせがあるのかなど考えてみましょう。<mark>政府支出と租税を増減させる財政政策、国内の通貨残高を変化させる金融政策</mark>、それぞれを見ていきます。
　<mark>財政政策</mark>により<mark>政府支出を増やした場合、IS曲線は右にシフト</mark>します。反対に、政府支出を減らすとIS曲線は左にシフトします。増税はGDPを減らす効果があり、IS曲線は左にシフトします。<mark>減税ではIS曲線は右にシフト</mark>します。
　<mark>金融政策</mark>では<mark>マネーストックを増加させた場合、LM曲線は右にシフト</mark>します。反対に、マネーストックを減らす政策をとった場合、LM曲線は左にシフトします。

[経済政策とIS曲線、LM曲線の変化]

財政政策とIS曲線

利子率

IS曲線
政府支出増加、租税減少
政府支出減少、租税増加
GDP

金融政策とLM曲線

利子率

LM曲線
マネーストック減少
マネーストック増加
GDP

財政政策ではIS曲線が動いて……。

金融政策ではLM曲線が動くんだね。

よみとき 所得と利子率が変わることがIS-LMモデルからわかります。

財政政策、金融政策が経済に及ぼす効果は、IS-LMモデルの交点を見ればあきらかです。GDPと利子率の変化があらわれます。

[経済政策とIS-LMモデル]

財政政策

利子率軸／GDP軸

- IS1→IS2 政府支出の増加でGDP、利子率ともアップ。
- IS2→IS1 政府支出の減少でGDP、利子率ともダウン。

金融政策

利子率軸／GDP軸

- LM1→LM2 マネーストック増加でGDPアップ、利子率ダウン
- LM2→LM1 マネーストック減少でGDPダウン、利子率アップ

> どの曲線がどちらにシフトするか覚えておけば、経済政策の効果がわかるね。

> 「この政策なら所得が上がる」なんて、人に解説できるね。

！未来に役立つ学び

財政政策と金融政策を同時に行ってIS曲線、LM曲線の両方を動かすことも可能です。金融危機が起きたときは、まず金融政策でLM曲線を右にシフトさせ、その後に財政政策でIS曲線を右にシフトさせます。GDPは必ず増えますが、利子率の変化は2曲線のシフトの幅によって決まります。

第3章 マクロ経済学 1国の経済をまとめて分析する方法

No.33 経済面での政府の役割

国の経済面において政府が果たす役割とは？

政府が行う業務は、社会の安定、文化の発展、外交、安全保障など幅広い分野にわたります。

政府がさまざまな政策を行うことはわかりましたが、全体として見た場合、国の経済面において政府はどのような役割を果たしていると考えればいいのでしょうか。

よみとき 資源の再配分、所得の再分配、経済の安定化の3つがあります。

経済面における政府の役割は何かというと、資源の再配分、所得の再分配、経済の安定化の3つがあげられます。

第一の**資源の再配分**とは、政府が特定の経済主体や産業などに資源を配分させる政策です。市場における資源配分が非効率であるときに行われます。

第二の**所得の再分配**は、所得格差を是正するための政策です。富裕な人の所得の一部を恵まれない人に再分配するということです。格差の是正には、量が等しいという意味の衡平という表現を用い、垂直的衡平と水平的衡平があります。

第三の**経済の安定化**とは、景気の波を小さくする役割です。景気の山ではGDPを抑制する手段、景気の谷ではGDPが増えるような手段をとります。これまで学んできた経済政策が当てはまります。そのほかにも、制度を整えるだけで自動的に景気の波を小さくする自動安定化装置というしくみを用います。

自動安定化装置に対して、財政政策や金融政策によりそのつど調整する政策を裁量的政策といいます。これをケインズ派は重視しますが、古典派は基本的に反対します。古典派は規制緩和などのルールを整備することで経済の活性化をはかろうとします。

92

[政府の役割]

資源の再配分

税制やルールにより、社会をより好ましい状態にすることを目指す。

> これは政府が市場の調整の代わりをするという考え方なんだ。

所得の再分配

垂直的衡平	水平的衡平
所得が高い人と低い人との間で調整をはかる 例／高所得ほど負担が重くなる累進税制、生活保護などの公的扶助。	働いているときと働けないときの調整を行う 例／雇用保険、年金などの社会保険。

ジニ係数とは

所得格差の指標にジニ係数がある。

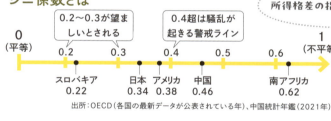

出所：OECD（各国の最新データが公表されている年）、中国統計年鑑（2021年）

自動安定化装置

累進課税	公的扶助
好況期は所得が増えるほど税負担も増える累進課税で、可処分所得を抑える。不況期は所得が減ると税負担も減り、可処分所得の減少をやわらげる。	生活保護などにより不況期の失業者の生活を支援し、経済全体の落ち込みを緩和。

❗ 未来に役立つ学び

近年はジニ係数が高まっていますが、高齢化に加え、あえて非正規を選ぶなど働き方の多様化の影響もあります。ジニ係数のみを見て経済格差が拡大したとはいえないことは覚えておきましょう。

第3章 マクロ経済学　1 国の経済をまとめて分析する方法

No34 労働の需要と供給

雇う側と働く側は どんな関係にある?

　当然のことながら、働く側はできるだけ給料を高くしてほしいと考えます。一方、企業はできるだけ給料を低くしたいと思っています。
　労働市場がどんなふうに成り立っているのかを考える際、まず押さえたいのが需要と供給の登場人物の役割が財市場とは入れ替わることです。財市場ではモノやサービスを買う私たちは需要者で、そうした財を生産する企業が供給者です。これに対して、==労働市場では私たちが働き手となって労働を提供し、企業は雇う側です。家計が供給、企業が需要という関係です。==

よみとき 労働需要曲線と労働供給曲線 から関係が見えてきます。

　家計はできるだけ高く労働を売りたいと考え、企業はできるだけ安く労働を買って費用を抑えたいと考えます。労働の価格は賃金、つまり給料であらわされます。

[労働市場での家計と企業]

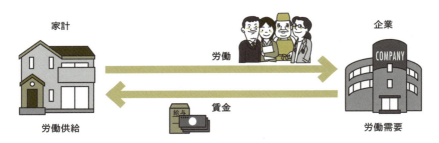

94

企業は人を雇い、その労働により生産活動を行い、生産物を販売して収入を得ます。労働者を1人増やすとどれだけ生産物が増えるかをあらわす労働の限界生産力のグラフは、限界生産力が逓減するため右下がりになります。実質賃金との関係を示すのが古典派の第一公準で、「企業は労働の限界生産力と実質賃金が等しくなるように雇用量を決定する」とされています。グラフの縦軸を実質賃金、横軸を雇用数とすると、==労働需要曲線は右下がりの線になります==。

　労働供給については、古典派の第二公準が「労働の限界不効用と賃金が等しくなるように労働供給量が決まる」としています。労働の限界不効用とは、労働を1増やすことで得る肉体的、精神的な苦痛やマイナスの影響をあらわします。たくさん働くと不効用が増えるため、賃金が高くないと働きたくないと考えます。こうしたことから、==労働供給曲線は右上がりのグラフになります==。

[労働需要曲線と労働供給曲線]

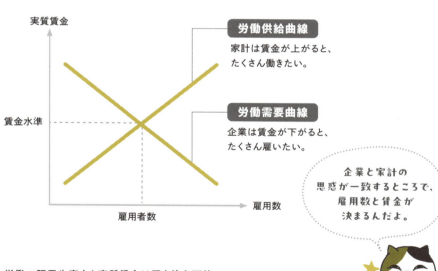

労働の限界生産力と実質賃金は置き換え可能。

例）時給1,500円の場合

労働の限界生産力が2,000円
→　500円得なので雇用を増やす。

労働の限界生産力が1,200円
→　300円損するので雇用を減らす。

第3章　マクロ経済学　1国の経済をまとめて分析する方法

古典派とケインズ派では労働供給曲線が異なることに注意。

ケインズ派は古典派の第一公準は認めていますが、第二公準を否定しています。その点を詳しく見ていきましょう。

古典派の労働供給曲線は前ページで見たとおり、右上がりの形をしています。右下がりの労働需要曲線を合わせて書き込むと、下のグラフのようになります。ここでのポイントは、企業の労働需要が下がって、==労働需要曲線が左にシフトすると、どんどん賃金が下がるということです==。

[古典派の労働市場]

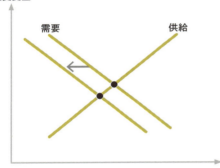

企業が雇いたい数が減ると需要曲線は左にシフト。供給曲線との交点が左下に移動し、賃金も低下するとわかる。

企業が雇いたくないときには、労働の価格がどんどん下がってしまうんだ。

では、次にケインズ派の労働市場について見てみましょう（次頁参照）。
労働供給曲線は古典派と異なり、==単純に右上がりではなく、左の方が水平になっています==。これがどういうことかというと、人々は一定水準以下の賃下げを受け入れないことをあらわしています。最低賃金制度がある国では、最低賃金よりも賃金を下げることができません。その場合もケインズ派と同じグラフになります。

企業の労働需要が下がって、労働需要曲線が左に大きくシフトすると、労働供給曲線が水平になった部分と交わります。企業はA点まで雇いたいのですが、この賃金であれば働きたい人の数はB点であらわされます。そうすると、このA点とB点の差の数の人々は、働く気があるのに仕事がない状態になってしまいます。

　このような人々を「非自発的失業」（P99参照）といいます。==ケインズ派では、非自発的失業が普通に存在すると考えています==。非自発的失業を減らすためには、労働需要曲線を右にシフトさせる必要があります。企業は賃金が低くなれば雇用を増やしますが、労働供給曲線は水平で賃金は下げられません。そのため、==物価を上げて実質賃金を低くすればよい、とケインズ派は考えます==。

[ケインズ派の労働市場]

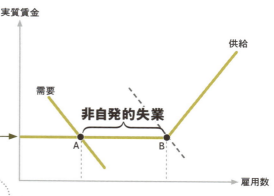

POINT

A点
企業が雇いたい人の数。

B点
この賃金なら働きたい人の数。

この賃金以下では働かない。
労働が供給されない。

最低賃金を高くすればするほど
非自発的失業者が増える。

働きたい人の数のほうが多いため、
非自発的失業が発生。

物価が上がれば実質的な購買力は下がり、名目賃金はそのままでも実質賃金が下がる。

　失業を減らすためには、古典派は名目賃金を引き下げること、ケインズ派は物価上昇を通じて実質賃金を引き下げることを主張します。どちらも私たちの生活は苦しくなります。労働生産性を高める、つまり、労働の限界生産力を引き上げる政策によって、賃金の上昇と雇用の増加が両立できます。

No35 さまざまなタイプの失業

労働力が不足したら誰もが職につける？

　バブル崩壊後の就職氷河期を考えても景気と雇用環境の密接な関係はわかりますが、一方ではすぐに会社を辞める人、気楽なフリーターがいいという人も増えています。労働力不足が深刻化したら、誰もが好きなように働ける状況になるのでしょうか。

　労働市場の専門用語としての失業は、「働く意思があり、就職活動をしているが、仕事がない人」。失業保険を受給できるのも、これに該当する失業者です。

労働者と雇用者の求めるものが合わないと就職に結びつきません。

　したがって、「自分は失業中だ」と言う人も、就職活動をしていなければ失業者に該当しません。学生や専業主婦などもカウントされず、失業率に含まれません。

[失業率と就業率]

― 15〜64歳の労働人口のなかで就業者が占める割合。

― 学生、専業主婦など。

就業率 ＋ 失業率 ＋ 非参加者の割合 ＝ 100%

― 15〜64歳の労働人口のなかで失業者が占める割合。

非参加者を加えて、初めて100％になる。

失業を分類すると、まず**自発的失業**と**非自発的失業**があります。自発的失業は本人に働く能力があり、つける仕事があるが、賃金などの希望が合わずに失業している人。非自発的失業は賃金面などの不満はなく、働きたいのに失業状態にある人です。

ほかに、摩擦的失業、構造的失業といった用語もあります。

摩擦的失業とは、転職などにあたり新たな職につくまで仕事を探す間の失業です。技能や知識を生かせる好待遇の職を探しても、企業側の条件となかなか合わず、採用選考にも時間がかかり、生じることになる過渡的な失業です。

構造的失業は、需給バランスではなく、構造的変化により発生します。たとえば製造業は海外移転などで雇用が減り、介護業界は人手不足ですが、製造業の経験者は介護の未経験者であり、企業が求める技能や特性と労働者の特性がかみ合いません。

[失業の分類]

	本人	企業
自発的失業	能力あり 「給料や仕事の内容、待遇がイマイチ」	仕事あり 「雇いたい」
非自発的失業	給料などの不満なし 「すぐにでも働きたい」	仕事なし 「雇わない」

摩擦的失業
希望に合う仕事を探す間の失業。
労働者の技能・知識を生かせる好条件の仕事が見つからない。

構造的失業
産業構造などの変化により発生。
労働者の技能、特性と企業のニーズがかみ合わない。

摩擦的失業と構造的失業はミスマッチ失業ともいう。

! 未来に役立つ学び

経済学では失業者の人数だけを問題にしがちですが、失業をタイプごとに分けて考えなければ適切な対策はとれません。摩擦的失業では職業訓練の強化などの政策、構造的失業では構造の調整が必要だといわれています。

第3章 マクロ経済学　1 国の経済をまとめて分析する方法

No36 景気対策で失業率は下がるか

失業者が増えたとき政府は何をするべき？

　誰もが望み通りの仕事について、満足が得られれば理想的な社会になりますが、現実は厳しいものです。景気が悪くなると失業者が増えます。政府が効果的な対策をとることが期待されますが、考えられる方法はいくつもあるはずです。どのくらい、どんな効果が見込めるのか、あらかじめ予想することができるのでしょうか。

　ここまで見てきて、経済学の世界には古典派とケインズ派があることがわかりました。2つの学派は、経済の成り立ちや経済政策について考え方がまったく違います。

　古典派の労働市場では、右下がりの労働需要曲線と右上がりの労働供給曲線が交わった点で均衡し、雇用量と賃金が決まります。賃金が下がると、働きたい人が減るため、労働市場では働きたい人が全員仕事を得ています。一方で、ケインズ派では今の賃金で働きたくても、労働需要が少なすぎるせいで、非自発的失業者が出てきます。

[失業をめぐる考え方の違い]

	古典派	ケインズ派
労働供給曲線	右上がり	水平部分を持つ
自発的失業	存在する	存在する
非自発的失業	存在しない	存在する

古典派の労働市場でも、自発的失業者はいるから失業率はゼロにはならないよ。

よみとき ケインズ派と古典派では回答が異なります。

　古典派の労働市場では、自発的失業者のみで非自発的失業者がいないため、政策対応はしなくてもいいことになります。「失業者はワガママを言っている」とも考えられるからです。ケインズ派の労働市場では非自発的失業者がいるため、物価を上げて労働需要を喚起する対策が必要になります。

　それでは、増加する失業に対して、どのような対策が必要でしょうか。古典派は企業の力を強くして、労働の限界生産力を引き上げるべし、と考えます。規制緩和による競争の促進、新しい産業の育成などです。ケインズ派は人々が物を買う力を高めようとします。公共事業や補助金の交付、所得税の減税などです。古典派は経済の供給面の強化、ケインズ派は経済の需要面の強化を提唱しているといえるでしょう。

[失業に関する政策対応の違い]

	古典派	ケインズ派
自発的失業への対応	不要	不要
非自発的失業への対応	非自発的失業は存在しない	必要
対策	労働の生産性を高める	物価を上昇させる
政策例	規制緩和、企業減税 新規産業の育成	公共事業、補助金 所得減税

どちらをとるかで政策はまるで変わるんだ！

未来に役立つ学び

2013年以降の日本では、年率2％程度の物価上昇を目指す金融政策がとられていました。物価を上げ、実質賃金を引き下げて雇用を増やす、ケインズ派の政策を支持していることになります。補助金などのバラマキ政策も同じ目的です。古典派ならば規制緩和や新しい産業の育成策をとるでしょう。

第3章　マクロ経済学　1 国の経済をまとめて分析する方法

No.37 どうして物価が上がるのか

モノの価格が上がって良いことなんてある？

値上がりは消費者にとって嫌なものです。これまでと変わらない商品であれば、変わらない価格で販売してほしいと願います。ところが、インフレ率は景気対策の政策目標とされます。インフレに好ましい面もあるのでしょうか。

そもそも**インフレとはインフレーションの略。一般的な物価上昇をあらわします**。特定の財の価格だけが上昇するケースは、インフレとはいいません。

インフレには、ディマンドプルインフレとコストプッシュインフレがあります。

よみとき　需要の増加によるインフレなら景気拡大が期待できます。

ディマンドとは需要。**総需要の増加により物価が上昇するのがディマンドプルインフレです**。高くても買おうとする購買行動の変化などにより、企業は価格を上げることができます。

コストプッシュインフレは、総供給の側に起因するインフレです。原材料費や人件費の上昇など生産にかかる費用が増加し、企業は利潤を確保しようと増加分を価格に転嫁するために物価が上昇します。

こうしてみると、適度なディマンドプルインフレはケインズ派の経済政策に合致していることがわかるでしょう。ケインズ派は総需要を操作する政策により、物価の上昇を伴いながらGDPが増加していくととらえています。ケインズ派の政策は「総需要管理政策」とも呼ばれます。

財やサービスの価格変動は、物価指数により判断されます。企業物価指数、消費者物価指数、小売物価指数などがあり、景気の動向、需給の状態、通貨の購買力などを知る手がかりとなります。

[ディマンドプルインフレ]

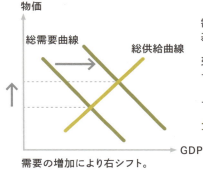

需要の増加により右シフト。

需要の側に起因するインフレ。
基本的に景気の拡大期に発生。

売上、利益拡大
→ 生産量増加、設備投資など
　 生産活動が活発化
→ 賃上げ

景気拡大の好循環。

商品がよく売れて品不足になれば、
物価が上がるってわけか。

[コストプッシュインフレ]

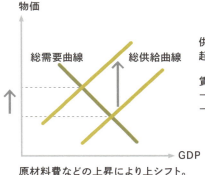

原材料費などの上昇により上シフト。

供給の側に
起因するインフレ。

賃上げナシ
→ 実質的に収入減
→ 消費者の生活圧迫

値上げしても
コスト増に追いつかな
かったり、需要が減ったり
すると、企業の利潤が圧迫
され、企業も消費者も苦しめ
られることになる。

ちなみに、1970年代には、二度のオイルショックで物価上昇とGDPの低下が同時に生じる**スタグフレーション**に陥りました。**stagnation（停滞）とinflation（インフレ）の合成語で、景気が停滞するなかで物価が上昇し、生活に大打撃を及ぼします**。

! 未来に役立つ学び

直近のインフレの原因は2つ。ひとつはアメリカをはじめ多くの国でパンデミック対策として政府がバラマキ政策を行い、賃金が上昇したこと、つまり需要面からのディマンドプルインフレです。2つ目はエネルギーをはじめ、さまざまな資源の価格上昇による供給面からのコストプッシュインフレです。

第3章 マクロ経済学　1 国の経済をまとめて分析する方法

No.38 経済成長を分析する

経済成長を果たすには何が必要なのか？

　日本は戦後、高度経済成長を果たし、奇跡の復活を遂げました。ただ、それは遠い過去の話であり、今日の日本人は経済発展により生活が豊かになるという筋書きを実感としてとらえにくくなっています。経済成長には何が必要なのでしょう。
　経済学では、数十年といった長期にわたるGDPの増加を経済成長といいます。メディアなどでは前年と比較したGDP成長率を経済成長率ということも多いため、年ごとの経済の変動のように思っている人も少なくないでしょう。
　経済学では短期的な景気循環と長期的な経済成長は別物として考えます。

[経済成長とは]

POINT
・数十年単位の長期的なGDPの増加。
・景気循環により増減を繰り返しながら増加していく。
・GDP成長率、経済成長率は経済成長とは別物。

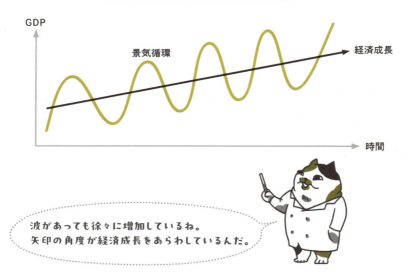

波があっても徐々に増加しているね。
矢印の角度が経済成長をあらわしているんだ。

よみとき 資本の増加、労働人口の増加、技術の進歩の3つが必要です。

経済成長のカギは資本です。企業は短期では資本の増減はできずとも、長期では増加させることができます。企業が投資を行うと生産能力が増え、経済が拡大します。資本の増加に労働人口の増加、技術進歩を加えることで、経済成長が見えてきます。経済成長率は生産関数により計算することもできます。

労働人口の増加が見込めない日本には、技術の進歩と資本の増加がより重要になります。技術の進歩に注力し、生産効率を上昇できれば、資本と労働力を効果的に利用できます。資本の増加については最新の機械設備の導入が考えられ、そのためには研究開発（R&D）が欠かせません。研究開発には技術力を向上させる効果もあります。

[経済成長率と成長会計]

ミクロ経済学とマクロ経済学を合わせると

経済成長率 ＝
技術進歩率 ＋ 資本増加率 ＋ 労働人口増加率

技術進歩率は目に見えず、マクロ統計からは求められない。GDP成長率、資本増加率などほかの数値を入れてから引き算して算出するんだ。

人口が減少する先進国については、研究開発と新技術の普及が重要なんだね。

未来に役立つ学び

日本は1990年代から労働人口が減り続け、少子高齢化が進むなかで労働力不足の深刻化が危惧されています。政府は少子化対策に力を入れているものの、期待された効果は出ていません。人口がどんどん増え続けている国のように労働力の増加により経済成長を支えることはできません。

家計簿をつけるワケ

　なかなか貯金ができない人、初めてひとり暮らしをする人などは、家計簿をつけてみましょう。支出を費目（費用の名目）別に分けることでムダがわかり、家計の見直しに役立ちます。月々入る金額と出ていく金額を明確にして、貯蓄にまわす額を増やします。

　大きな分類には、固定費と変動費があります。固定費は、家賃、水道光熱費、通信費、保険料など、毎月必要な支出。一方の変動費は、食費、日用品費、被服費など、月により金額がかわる支出です。

　家計を見直す際は、まず固定費からチェック。一度減らせば、継続的に支出を減らせるので効果的です。たとえば、保険料。家族構成やライフステージを考え、必要以上の保険に加入していないか確認します。通信費が高い場合は、低額プランや格安スマホへの変更を検討しましょう。電気料金の契約アンペア数を下げたり、電気とガスの契約を1社にまとめたりすることで光熱費を節約できる場合もあります。

　変動費については、利用頻度の低い品物は買わずにレンタルする、新品ではなく中古品を選ぶといった節約方法が考えられます。「いちいち記録するのは面倒くさい」「前にやろうとしたけれど続かなかった」という場合は、レシートを撮影するだけで自動的に費目を分けて入力される家計簿アプリを利用する方法もあります。

　ほかにも、日記を兼ねてノートに書く方法、表計算ソフトを利用する方法など、やり方は人それぞれ。自分に合った方法を選び、継続しましょう。長く記録を続けることで、自分のお金の使い方のクセや傾向などが浮かび上がり、改善の糸口となります。

第 4 章

国際経済学

第4章で学べること

国際経済学とは、国境を超えた経済取引に対象を絞った経済学です。モノ、人、サービスなどの取引を取り扱う国際貿易論、金融資産の取引を分析する国際金融論に大きく分かれます。経済のグローバル化が何をもたらすのか見ていきましょう。

日本はどんな国々と貿易をしているか

資源が乏しい日本は、輸入した材料を加工し、製品を輸出する加工貿易で発展しました。21世紀に入るとグローバル化が進展し、汎用部品の生産、組み立ては途上国で行うバリューチェーンが構築されました。貿易の相手国については、リカードの比較優位の原則のほか、近年は重力モデルから説明されています。宇宙の星々の引力と同じく、より近くの国との貿易が盛んになるといった理論です。 ⇨ No40,41

リカードって古典派の人だね。

時代が大きく変わっても受け継がれている理論もある。

多国籍企業が税金をおさめる先

他国でビジネスをして利益を得た企業は、その国で法人税を課されます。多国籍企業が税金を減らそうと策を講じる一方、法人税率を低くして大企業を誘致する国もあります。近年は、巨大テック企業のデジタル製品について、消費地である国で課税されるべきとの議論とルールづくりが進められています。 ⇨ No43,44

あの手この手で税金を回避しようとするんだ。

日本で大儲けしてるなら、ちゃんと税金払ってよ。

為替レートと貿易の関係

為替レートはモノと同じく需要と供給で変動します。外国為替市場は24時間、刻々と変化しており、どう変わるかを予測するのは不可能です。為替レートが貿易にどう影響するかは、資本財、中間財、最終財という財の種類により異なります。　　　　　　　　　⇨No45,46

円安になると輸出に有利なんでしょ？

たしかに輸出する日本企業の収益は伸びるけど、単純な話ではない。

日本企業はアメリカでの投資に熱心

日本の企業や銀行は、外国でも証券投資を行っています。その国の金利が日本よりも高い場合、日本に投資するよりもその国に投資したほうが資産を増やせます。お金は金利が高いほうへ移動すると覚えておきましょう。　　　　　　　　　　　　　　　　　　　⇨No47

日本の金利は低いからね。

為替レートの影響も合わせて考える必要があるよ。

世界の経済対立や紛争にどう対処するか

第二次世界大戦勃発の遠因には、為替レートの切り下げ競争がありました。再発防止のために、国際通貨協力の強化、経済政策の監視などを行っているのがIMF（国際通貨基金）です。貿易障壁を取り除き、紛争を平和的に解決する機関としてはWTO（世界貿易機関）がありますが、残念ながら機能停止状態に陥っています。　　　　⇨No49,50

反グローバル化を叫ぶ急進的な人たちもいる。

話し合って解決したいね。

No39 国内と国外の考え方

国境を越えた経済取引はどのようにとらえる?

　現代ではほとんどの国が国境を越えて取引をしていますが、第3章のマクロ経済学では外国との取引を扱いませんでした。
　マクロ経済学において**外国との取引を考えない経済を閉鎖経済**といい、**外国との取引を考慮する経済は開放経済**です。国内と外国の間で財を取引するのは貿易、お金をやり取りすることは資本移動といいます。

よみとき 国内と外国の間の取引の記録が国際収支統計です。

　国内と外国との間の取引がどうなっているかは、国際収支統計を見るとわかります。これは**居住者と非居住者との取引**を記したものです。居住者は国内で経済活動を行う経済主体をさし、通常1年以上、居住すると該当します。外国籍であっても1年以上の居住で居住者になり、人だけでなく企業にもあてはまります。

[居住者と非居住者]

居住者
国内に住所または居所がある人。
国内に本店または主たる事務所がある法人(内国法人)。

非居住者
居住者ではない人。
居住者以外の法人(外国法人)。

下の表に示した通り、国際収支の**経常収支**には、貿易や資本・労働に関する取引が記載されます。

資本移転等収支には、政府が外国に貸したお金の債務免除などが記されます。国境を越えた相続税、贈与税の受け払いも含まれます。

金融収支は金融商品の取引をあらわします。お金を支払って株式などを受け取ったら黒字としてプラス、手放してお金をもらうなら赤字としてマイナスに記録されます。

年による変化は経常収支ではあまり大きくありませんが、金融収支は大型のM&Aなどで大きく増減することがあります。

[日本の国際収支] (2023年)

(単位:兆円)

経常収支	21.4
貿易・サービス収支	▲9.4
貿易	▲6.5
輸出	100.4
輸入	106.9
サービス収支	▲2.9
第一次所得収支	34.9
第二次所得収支	▲4.1

輸送、旅行、その他サービス（建設、保険・年金サービス、金融サービス、知的財産権等使用料など）

海外からの資本や労働など生産要素に関わる収入、支出（雇用者報酬、投資からの金利・利子、その他第一次所得）。

資本移転等収支 ▲0.4

災害地への援助物資など政府や民間による支援、労働者の家族への送金など対価をともなわない取引。

金融収支	23.3
直接投資	22.8
証券投資	27.8
金融派生商品	6.5
その他投資	▲38.1
外貨準備	4.2

経営参画を目的とした投資（現地企業の10％の発行済み株式を保有）。

株式や債券などの値上がり益、金利や配当の受け取りを目的とした投資。

誤差脱漏 2.3

出所:財務省(速報値)

経常収支に資本移転等収支を足して、金融収支を引き、誤差脱漏を足すとゼロになる。複雑だから、経済の分析では「経常収支＝金融収支」とするんだ。

未来に役立つ学び

経常収支の内訳は、国の状態をあらわします。経済が発展途上にある国は輸出が増えるため、貿易収支が黒字になります。経済が成熟してくると、貿易ではなく外国にお金を貸して金利を得るようになり、第一次所得収支が黒字になります。日本は21世紀に入って、貿易から投資の国に変わりました。

No.40 日本は何を輸出・輸入しているか

輸入品と輸出品を詳しく見てみると?

　私たちの日常を支える品々の多くを輸入品が占めています。もしも1から国内でつくった製品に限定したら、生活はとても不便になるでしょう。一方、海外に旅行すると日系メーカーの自動車や電化製品などをよく目にします。日本は何を輸入し、何を輸出しているのでしょうか。
　輸出入の品目を見る際、参考になるのが資本財、中間財、最終財という分類です。
　資本財は、工場などの機械や設備で、ミクロ経済学の資本に相当します。
　中間財とは、ほかの財を生産する過程で使われる加工された製品をさします。住宅の床材や部材、自動車のエンジンなどが該当します。
　最終財は、自動車、家電製品など、そのまま販売、消費される完成品をさします。

[資本財、中間財、最終財の分類]

資本財

消費財の生産活動に投じられる財。
工場、機械、装置など。

中間財

加工過程を経た製品で、ほかの財の原材料として投入されるもの。
自動車のエンジン、タイヤ、住宅の床材、システムキッチンなど。

最終財

消費者に販売される製品。
自動車、家電製品など、さまざまな完成品。

よみとき 日本は資源、材料を輸入して加工、製品を輸出して発展しました。

第4章 国際経済学

　日本は資源が乏しいため、エネルギー資源や原材料などを輸入し、加工・製品化して輸出する加工貿易に力を入れて劇的な経済成長を果たしました。シャツなどの布製品から始まり、鉄鋼などの重工業製品を輸出。その後は電子・電気機器、精密機器、輸送機器、さらに付加価値の高い自動車やIT関連製品など、技術に磨きをかけ、時代とともに変遷しながら世界の市場を席捲しました。

　20世紀は最終財が多くを占めていましたが、21世紀に入るとグローバル化が本格化し、中間財、資本財の貿易が急増。先進国で製品の企画、基幹部品の生産を行い、汎用部品の生産や組み立ては途上国で行うことでコスト削減が可能になったためです。技術革新による物流、データ転送の効率上昇、低コスト化が背景にあります。

[日本の輸出入品ランキング（2023年）]

輸出品上位5位　　構成比※

1位	自動車	17.1%
2位	半導体等電子部品	5.4%
3位	鉄鋼	4.5%
4位	自動車の部分品	3.8%
5位	半導体等製造装置	3.5%

輸入品上位5位　　構成比※

1位	原油及び粗油	10.3%
2位	液化天然ガス	5.9%
3位	石炭	5.3%
4位	半導体等電子部品	4.2%
5位	医薬品	4.2%

エネルギー資源の外国への依存度の高さがわかる。

※輸出入総額に占める割合
出所:財務省貿易統計

アメリカからPCのCPUを輸入、日本からSDカードを輸出するなど、現代では双方向で同じ製品が貿易されることが増えている。

輸出には日本の得意分野、輸入には必要なものがあらわれているね。

やっぱり車が輸出1位だ。

✏️ 未来に役立つ学び

　日本はモノつくりが得意だといわれてきました。これまでは人間が手作業でつくってきましたが、今後はロボットや生成AIによりさまざまなモノがつくられるでしょう。経済や技術の発展とともに貿易製品は移り変わります。

No.41 どの国と貿易すべきか

貿易の相手国はどのように決まる?

　貿易摩擦、貿易戦争が起こるところを見ると、輸出入が多いからといって仲の良い関係ではないことがわかります。貿易は得になるからこそ行っているはずです。近年では、地球の反対側から届いた安価な野菜や肉がスーパーに並んでいますが、近くの国から運んだほうがよいとは限らないのでしょうか。

　日本の貿易相手国といえば、長らくアメリカが不動のトップでした。21世紀に入り、中国が経済成長を遂げると大きな変化が起こります。輸出入とも年によりアメリカと順位が入れ替わる最大の貿易相手国となりました。

[日本の貿易相手国ランキング（2023年）]

輸出		輸入	
1位	アメリカ	1位	中国
2位	中国	2位	アメリカ
3位	韓国	3位	オーストラリア
4位	台湾	4位	アラブ首長国連邦
5位	香港	5位	台湾

アジアの国々は日本製の半導体などを使って製品を組み立てたり、鉄鋼や非鉄金属などでインフラ整備をしたりしている。

21世紀に入りエネルギー資源の価格が大きく上昇し、アジアの国々と産油国が入れ替わった。

出所:財務省貿易統計

中国の存在感がアップしてるね。

よみとき 得意なジャンルへの特化、距離と経済規模も大きなカギ。

第4章 国際経済学

なぜ貿易が行われるのか、これまでさまざまな理論が唱えられてきました。 19世紀の経済学者のリカードは、それぞれの国がもっとも効率よく生産する財を輸出するという**比較優位の原則**を提唱しました。20世紀には、経済学者のヘクシャーとオリーンが、人口や機械の量などの資本量が比較優位を決めるという理論を展開しました。

21世紀になると、**重力モデル**の研究が行われました。宇宙の星々が引力で引かれ合うように、貿易でもより近くにある国、より経済規模の大きな国と貿易が盛んになるという理論です。貿易が起きる理由から、貿易相手がどうのように決まるのか、という研究に比重が移っています。

[貿易の重力モデル]

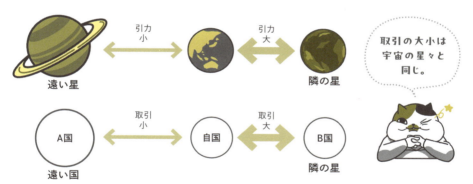

相手国が大きくても遠いと取引が小さい。
相手国が小さくても近いと取引が大きい。

未来に役立つ学び

貿易を行うと、自国で手に入らないもの、自国より効率よく生産されるものを輸入することができます。世界の国々と貿易をするためには、平和で安定的な国際関係を維持することが必要です。国際経済を見る際には、感情ではなく、冷静な「見る目」が問われます。

No.42 輸出から現地生産へ

日本メーカーが国外に工場をもつ理由は？

　日本企業のなかには、国内の工場でつくった製品を輸出するのではなく、外国に生産拠点を設けるケースが多くあります。ビジネス環境が異なる国に進出するには莫大なコストがかかり、リスクもありますが、それでも進出する理由は何でしょうか。

　企業が海外に進出する方法は2通りあります。工場などの生産拠点の建設や販売網の構築などを自力で1から行うことを**グリーンフィールド投資**といいます。何もない緑の草原が広がるなかに工場を建てるイメージです。

　一方、現地にある生産拠点や企業を買収することを**ブラウンフィールド投資**といいます。レンガ建ての工場を買い取るイメージです。よく報じられるM＆A（合併・買収）も、相手方の技術や販売網を獲得し、時間と費用を抑えるメリットがあります。

[海外進出の方法]

グリーンフィールド投資

工場や販売網などを自力で構築。

ブラウンフィールド投資

現地企業を買収、工場や販売網を手に入れる。

現地で名の知れた企業を日本企業が買収すると反発も起こる。政治問題にもなりやすいから舵取りは難しいね。

よみとき 生産コストの削減や産業政策などさまざまです。

第4章 国際経済学

日本企業の海外進出には，コストの低い国で生産して安価な製品を売るという目的があります。日本に逆輸入される製品もあります。日本から機械設備の資本財や部品などの中間財を輸出して、アジアで生産してから最終財の製品を日本に輸入するという方法です。製品をアメリカやほかの国に売ることもできます。

もう一つ、海外進出には相手国の産業政策への対応という重要な理由があります。東南アジアでのローカルコンテンツ規制、北米のUSMCA（旧NAFTA）という貿易協定などが例としてあげられます。多くの国が企業の誘致を進めています。

[生産コスト削減と産業政策]

生産コストの削減

人件費など
コストの低い国で
生産。

製品の価格を
安く抑えられる。

日本に逆輸入、
またはほかの国に
輸出販売。

> かつては中国が「世界の工場」と呼ばれたけれど、人件費が高くなって工場はベトナムやバングラデシュに移動している。

産業政策

ローカルコンテンツ規制

国内製の部品など
一定比率での
使用を要求。

日本から
部品を輸出
しづらい。

部品工場を
現地に設置。

> アメリカに直接、進出する企業も増えてるんだってね。

貿易協定　例▶USMCA（旧NAFTA）

域内貿易を
優遇。

メキシコに進出、
工場設置。
　
メキシコから
アメリカに輸出。

! 未来に役立つ学び

企業の収益が増えて株価が上がっていても、日本国内での雇用が増えているとは限りません。外国での現地生産が増えれば、その国の雇用は増えますが、日本の雇用はあまり増加しません。

No.43 企業はきちんと税金を払っているか

多国籍企業が熱を入れる税金対策の実態とは?

　国境を越えてビジネスをする多国籍企業は、拠点を置いた国ごとに税金をおさめているのでしょうか。税金を減らして儲けを増やす対策をしているのでしょうか。
　企業は活動により得た所得に対し、法人税を課されます。他国に進出して利益を生み出せば、その国で法人税を課されますが、巨大企業は税金を減らそうとあの手この手を駆使しています。法人税率は国により異なり、**税率がきわめて低いタックスヘイブンであることを売りにして企業の誘致を盛んに進めてきた国もあります**。

よみとき 巨大企業が租税回避(そぜいかいひ)で納税を免れていることもあります。

　アイルランドはアップル、アマゾン、グーグル、ファイザー、ジョンソン・エンド・ジョンソンなどの誘致に成功し、国内上位100社で税収の8割弱を占めるまでになりました。税率が低くとも、莫大な利益を上げる企業が集まれば国は大いに潤います。

[**法人税とタックスヘイブン**]

法人税

企業活動により得た所得に対して課税。
【税率】
日本／普通法人など23.2%(資本金1億円以下の普通法人などは15%)
アメリカ／一律21%

タックスヘイブン

税率がゼロまたはきわめて低い国、地域。イギリス領のケイマン諸島、バミューダ諸島、パナマなど。アイルランド、オランダ、ルクセンブルクなどは低税率。

このような多国籍企業の行為は租税回避といわれ、各国の制度の間隙を突いたさまざまな手法があります。合法ですが、ドイツ、アメリカ、フランスなど法人税率の高い先進国から大規模な利益移転があり、各国は対策に頭を悩ませることになりました。

　2012年には、スターバックスのイギリス現地法人がイギリスに法人税をほとんどおさめていないことが報じられ、大騒動になりました。この手法は、**ダブルアイリッシュ・ダッチサンドイッチ**と呼ばれ、非常に複雑なスキームで租税回避していました。

　タックスヘイブンに資産管理会社を置き、本社の知的財産を移す手法は広く見られます。ロゴマークなどの権利を資産管理会社に移し、その使用料を支払うことで経費を計上し、利益をコントロールして納税額を抑えます。

[ダブルアイリッシュ・ダッチサンドイッチのしくみ]

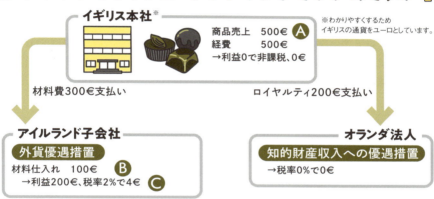

未来に役立つ学び

租税回避を防ぐため、OECDの主導による国際課税のルールづくりが進められました。また、法人税率は15%とすることで加盟国など約140の国と地域が合意しました。これにより年間およそ1500億ドルの税収が見込まれるといわれています。この制度をグローバルミニマム課税といいます。

第4章　国際経済学

No.44 モノの貿易からデジタル貿易へ

プラットフォーマーに課税できるのはどの国?

　デジタル関連の財、サービスの貿易が急増しています。外国で生まれた音楽・動画配信サービスなどの電子的な発注、配送のサービスは、すでに私たちの生活に根づいているといえるでしょう。企業についてもデジタル化が進み、電子商取引、クラウドサービスのシステム開発などを外国企業に委託すればデジタル輸入になります。

　日本がデジタル製品を輸入してお金を支払うことで、デジタル製品をつくる企業に利益が生まれます。これらの企業はGAFAMなどアメリカ企業が多く、税金はアメリカ政府に支払われています。日本でサービスを売っているのに税金はアメリカに入る、この状態はおかしいのではないかと議論が高まりました。

[デジタル貿易と課税の課題]

日本で車を買う場合

日本車でも外国車でも、消費税、販売利益の税金は日本政府に払う。

日本でデジタル製品を買う場合

日本企業の製品なら、日本企業は日本政府に税金を払う。
アメリカ企業の製品なら、アメリカ企業はアメリカ政府に税金を払う。

日本で売買の取引をしているのに、日本政府には税金が入らない。

たしかに変な話だね。

よみとき 消費地での課税が世界のトレンドです。

第4章 国際経済学

車や食品などモノの貿易なら、販売する店舗などが必要なので、どこで誰が売ったかが明確です。物理的な実態を根拠とした課税に何の問題もありませんでした。21世紀になり国境を越えて盛んに取引されるようになったデジタル製品では、店舗のような物理的な実態は不要。だから政府が課税する根拠がないということになります。

日本で商売をしてお金を受け取っているのであれば、日本政府に税金を支払うべきという考え方は当然ですが、デジタル時代に即したルールがありませんでした。

そこでOECDの場で、==デジタル課税の議論が進められています==。グローバルに活動する大企業に対し、利益の一部分をデジタルサービスの販売国におさめる内容です。

[デジタル課税のイメージ]

対象
- 現地に工場や支店を置かずに海外進出している多国籍企業。
- 売上高が200億ユーロ超。
- 利益率が10%超。

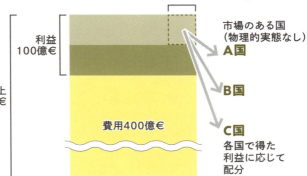

フランスなどで先行して導入する動きもある。

課税権の一部を企業の本社がある国から商品、サービスを利用する国へ移転し、公平性をアップ。

✏️ 未来に役立つ学び

税の問題は技術的な事柄を多く含み、大変複雑で難しいものですが、日本が国際化を進めるうえで、国際ルールへの対応は欠かせません。第6章で取り上げる環境や企業の社会的取り組みなども、併せて学ぶ必要があります。

No.45 為替レートの読み方

円からドルに交換する比率は何で決まる？

　国によって法定通貨が異なるため、アメリカから商品を取り寄せたり、旅行したりする際は、円をドルに交換して支払いを行う必要があります。交換の比率はいつも動いていますが、どうやって決まるのでしょうか。

　日本円やアメリカドルなど<u>法定通貨を交換する市場を、外国為替市場（がいこくかわせしじょう）といいます</u>。交換比率は為替レートといい、モノの値段と同じように需要と供給によって変動します。ドルを買おうとする需要と売ろうとする供給のバランスで決まるということです。

　円とドルの為替レートは、「1ドル＝150円35銭〜45銭」のように幅のある表示がなされ、売却レートと購入レートをあらわします。この幅を**スプレッド**といい、取引量が多く売買が活発なときは競争原理が働いてスプレッドは狭く、取引量が少ないときは幅が広くなります。また、価格変動の度合いが大きいときはスプレッドは広くなり、価格の変動が小さいときはスプレッドは狭くなります。

[為替レートのスプレッド]

例▶ 1ドル＝150円35銭〜45銭の場合。

1ドル＝150円35銭〜45銭

顧客売却レート（bidレート）
安いほうの150円35銭を適用。

顧客購入レート（ask/offerレート）
高いほうの150円45銭を適用。

買いたい

売りたい

買いたいときは高い価格のaskレート、売りたいときは安い価格のbidレートが適用されるんだ。

モノと同じく需要と供給で変動します。

　円の供給より需要が高まれば、為替レートの数値が低下し、円高に動きます。反対に、需要より供給が高まれば為替レートの数値は上昇し、円安になります。

　金融市場では、円高、円安よりもドル安、ドル高という言い方が好まれます。外国為替市場ではアメリカドルを中心に取引されるためです。経済学の理論では増価、減価をよく使います。政策などで人為的に為替レートを動かしたときは、切り上げ、切り下げという言い方をします。場面による使い分けもあります。

　<u>外国為替市場は24時間、さまざまな要因で刻々と変化し続け、為替レートの正確な予測は不可能です</u>。旅行や貿易に使う人、アメリカの株式を買う人、通貨の売買で利益を上げたい人などが市場に参加し、需要と供給に影響を与えています。

[為替の変動要因]

短期　経済や社会に関するさまざまなニュース。
　　例▶経済政策、通商政策、気候、戦争、企業業績など。

長期　金利をはじめとする経済指標。
　　例▶短期金利、長期金利、GDP、貿易、株価、原油などの商品価格など。

すべての要因を完全に読み切って手を打つことは不可能なんだ。最近は、AIを使ったアルゴリズム取引の割合も高まっている。

これじゃ予想なんてできないや。

!未来に役立つ学び

為替の取引は1日で7兆ドルにも上ります。金額が大きくなると1円の変化も大きなインパクトをもちます。たとえば、トヨタ自動車は1円の円安によって450億円もの営業利益の押し上げ効果があるといわれています。

第4章　国際経済学

No.46 為替レートと貿易

為替レートが円安になると日本の貿易は改善する?

　日本で売られている輸入品は、為替レートに合わせて日々、価格が変わるわけではありません。日本から輸出したモノも外国で値上げ、値下げを繰り返してはいません。貿易を行う企業、それに国は、不利な状況になってもひたすら耐えしのぶのでしょうか。為替レートの変化はどのような影響をもたらすのでしょう。
　<mark>一般的には、輸出のほうが輸入より為替レートの影響を大きく受ける</mark>と考えられています。<mark>円安になると輸出が増え、円高になると輸出が減る</mark>という影響です。
　経済学の教科書では、円安になるとアメリカなどの海外での販売価格が安くなって売れ行きが伸びると解説されます。現実には、販売価格の変更にはメニューコストというコストがかかるため、あまり頻繁には行いません。

[輸出企業の価格戦略]

その1　ドル建て価格を変更

1個12,000円のイヤホンをアメリカに輸出
1ドル=120円なら100ドル
1ドル=150円なら80ドル

**円高→ドル建て価格アップ
　　→売れ行きダウン**

**円安→ドル建て価格ダウン
　　→売れ行きアップ**

その2　ドル建て価格を固定

1個80ドルのイヤホンの円建て収入
1ドル=120円なら9,600円
1ドル=150円なら12,000円

**円高→円建て収入ダウン
　　→企業収益ダウン**

**円安→円建て収入アップ
　　→企業収益アップ**

為替レートの動きが小さいときは その2 が採用される。

円安による輸出企業へのメリットは、円で計算した円建て収入によりもたらされる。

よみとき 貿易がどう変化するかは財の種類により異なります。

第4章 国際経済学

　20世紀の日本は完成品の輸出が主流でしたが、21世紀に入り資本財、中間財の輸出が増えました（P113参照）。完成品の販売は価格に左右されやすいのに対して、高度な技術が使われ、他国の品で代替がきかない資本財、バリューチェーンの維持に欠かせない中間財はそうではありません。為替レートにより価格が変わっても同じだけ輸出されます。ただし、日本企業の収益は為替レートの影響を大きく受けます。

　円安の影響をまとめると、輸出企業の収益は高くなります。輸出額は円建てで計算するので輸出が増えると考えられますが、現地生産の増加も考慮に入れる必要があります。円安になると輸入品の価格が高くなり、エネルギーや食品などを輸入している日本では輸入額が増えます。こうしたことから、==円安では日本の貿易収支（輸出―輸入）が改善する可能性があるものの、簡単には答えが出せない問題==だとわかります。

[スマートフォンができるまで（例）]

出所:Global Semiconductor Alliance

うわぁ！これだけの距離で貿易を繰り返して完成するんだ。

！ 未来に役立つ学び

日本はロボットなどの資本財や部品などの中間財の輸出により為替レートの影響を受けにくくなっています。価格競争から脱し、高くても必要だから売れる経済に変わりつつあります。ただし、ロボットの分野では中国が急速に台頭。逆戻りしないよう、先進的で安定的な需要を見込める製品の開発が必要です。

125

No.47 なぜ日本の生保がアメリカの国債を買うのか

日本企業が外国で証券投資を行っている？

　日本の企業は輸出先で得た利益で現地生産の拠点や支店などを設ける投資を行うほか、証券投資も行っています。日本に資金を還流させるよりも、外国で投資・運用したほうがいいと判断する理由はどこにあるのでしょうか。日本の生命保険会社がアメリカの国債を買うといった動きも活発化しています。

　投資の目的は、資産を増やすこと。日本企業がアメリカの証券に投資をするのは、利子率（金利）が高く、資産をより大きく増やせると判断したからだと考えられます。二国間で金利差がある場合、資本はより高い収益を求めて利子率の高い国へと移動します。

　大規模な資本の移動は、当然、為替レートに影響します。==利子率が高いアメリカに日本から資本が流入すれば、ドルに交換する動きが活発になり、ドルは高くなります。==

[利子率の差と資本移動]

日本　金利3%　＜　アメリカ　金利5%

→ 資本流出　　ドルの需要が増え、ドル高・円安へ

日本　金利5%　＞　アメリカ　金利3%

← 資本流入　　円の需要が増え、ドル安・円高へ

よみとき お金は利子率(金利)が高いほうに移動します。

第4章 国際経済学

　日本の生命保険会社がアメリカの国債を買うことを考えてみましょう。==利子率が日本より高いとしても、為替レートの変動によっては利得が得られるとは限りません==。外国の投資家にとって、投資先の通貨の下落は損失をもたらします。

　為替レートの予測は不可能です(P123参照)。==為替レートの変動による収益の増減を為替リスクといいます==。一般的に、先進国よりも途上国のほうが為替レートは大きく動きやすいことが知られています。アジアなどの成長性のある新興国への投資も簡単にできる時代となりましたが、政情不安などカントリーリスクに加え、為替リスクがあることも覚えておきましょう。

[アメリカ国債への投資と為替リスク]

例 ▶ 1ドル=130円でアメリカ国債を100万ドル購入。
円建てでは1億3000万円の投資。
1年後、利回り5%なら105万ドルになる。※

為替リスク

1年後、1ドル=100円まで円高に。
→**100円×105万ドル=1億500万円**
利回りを超える円高ドル安で元本割れに!

1年後、1ドル=140円まで円安に。
→**140円×105万ドル=1億4700万円**
利益が大きくなる!

※税や取引手数料は無視します。

アメリカ国債の金利が高くても、為替レートの変動のほうが大きいことが多いんだ。

金利だけに目を奪われていたらダメなんだね。

❗ 未来に役立つ学び

為替リスクには損失だけでなく、利益を得る意味も含まれます。先進国では金利リスクより為替リスクのほうが大きく、国内投資よりリスクが高くなります。どの程度の損失なら耐えられるか自問してから投資額を決めましょう。

No.48 途上国経済の成長

途上国の経済成長で社会は変わる?

　以前は途上国というと先進国の支援が必要な国というイメージでしたが、最近は変化が見られます。アジア、アフリカ、中南米などおもに南半球にある==途上国・新興国が、グローバルサウスとして存在感を増しています==。先進国が世界経済を牛耳る時代は終わりに近づきつつあるのでしょうか。途上国が経済発展を遂げるまでに、社会にはどのような変化が起こるのでしょうか。

　グローバルサウス全体の名目GDPは、2050年にはアメリカ、中国を上回ると予測され、国別ではインド、ブラジルに続き、インドネシアも上位10位に入ると見込まれています。それだけ国際社会での発言力も増しています。

　経済学において、==国の発展を説明するのがペティ＝クラークの法則==です。

[ペティ＝クラークの法則]

経済の発展にともなう産業構造の変化

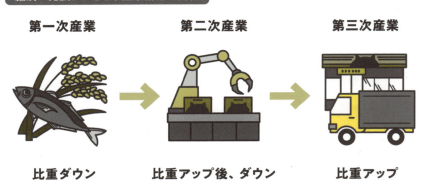

第一次産業	第二次産業	第三次産業
比重ダウン	比重アップ後、ダウン	比重アップ

産業構造が高度化。生産性、収益が上がり、豊かな国へ。

よみとき 第三次産業が発展し、豊かな国になります。

ペティ＝クラークの法則では、農業が主体の貧しい状態からそれ以外を主体とした豊かな国へ発展していきます。それぞれの産業には生産性の格差があり、収益が高い方向へと労働、資本が移動し、国民経済の中心となる産業が変化していくと説明されます。実際に、日本も含め多くの国がこの過程を経て経済発展を遂げました。**先進国では第三次産業がGDPに占める割合がもっとも大きく、次が第二次産業です。**

ただし、最近はサービス業が先に発達し、経済成長を果たすインドのような国の例も登場しています。インドは欧米向けのITサービスにより1990年代から急速に力をつけました。アフリカの小国ルワンダも、1990年代の内戦後、情報技術などに注力し、「アフリカの奇跡」といわれるほど発展しました。

[産業構造の変化の過程]

経済が成長して豊かになる。 → 食べ物だけでなく家電や車が欲しくなる。 → 第二次産業が活発になる。 → モノが揃った後は需要がサービスに移る。 → 第三次産業が発展。

第三次産業のIT技術は工場や農場の生産管理アプリなど第一次、第二次産業にも使われる。それで比重が増していくんだ。

！未来に役立つ学び

インドでは現在、第二次産業と第三次産業が同時に発達しています。第二次産業の遅れを取り戻すため、モディ首相は就任直後から製造業振興に力を入れました。GDPでは今後数年で日本を抜くと予測されています。

第4章 国際経済学

No.49 国際経済を支える機関

国際経済はどのように維持されている?

　経済の状況や国内の事情は国ごとに違いますから、国際社会での要望、要求も千差万別です。財政が破綻する国、支援が必要な国もあります。利害が複雑に入り組んだ国際社会で、どうやって衝突を防いだり、支援する先を決めたりしているのでしょう。

　第二次世界大戦後、大戦の遠因となった為替レート切り下げ競争の再発を防ごうと設立されたのが**IMF**です。その役割は、採用された固定為替相場制の維持と国際通貨制度の安定。各国が協力し、ともに繁栄を目指す枠組みとして確立されたのです。

　1970年代から先進国が変動為替相場制に移行すると、IMFの役割は各国の為替相場や経済政策の監視と為替相場の安定へと変わりました。

[IMFの役割]

IMF International Monetary Fundの略。日本語では国際通貨基金。加盟国190か国により運営。

◎国際通貨協力の強化　　◎貿易の拡大・経済成長の促進　　◎繁栄を損なう政策の抑制

1990年代に相次いだ通貨危機では十分な支援を迅速にできず、融資制度の拡充と整備が進められることとなった。

よみとき 国際機関を通して協力体制をとっています。

　加盟国の繁栄と成長のため、IMFと同時に創立され、補完し合っているのが**世界銀行**です。長期的な経済発展と貧困の削減にとくに力を入れており、加盟国の拠出金と世界銀行債を財源として長期的な支援を行っています。世界銀行は、途上国にとって必要不可欠な資金源であり、技術援助機関です。

　もうひとつ、**BIS**という各国の中央銀行からなる組織があります。現在では、加盟国の中央銀行間の協力促進、中央銀行からの預金の受け入れなど多様な業務を行っています。隔月でBISにおいて開催される中央銀行総裁会議では、世界の経済、金融に関して意見交換がなされ、金融に関する国際ルールの策定にも携わっています。

[世界銀行、BISの役割]

世界銀行

英語ではWorld Bank。略称はWB。
加盟国189か国により運営。

◎途上国への技術・資金援助。政策面での助言、研究、分析、技術支援など

◎2030年までの達成目標は極度の貧困の撲滅と繁栄の共有の促進

BIS

Bank for International Settlementsの略。
国際決済銀行。
63か国・地域の中央銀行が加盟。

◎中央銀行総裁会議
　各国の経済、金融の状況、政策、国際金融市場の状況などに関して話し合われる。

「国際決済銀行」という名称は、1930年に設立され、ドイツの第一次大戦賠償の支払い事務を扱ったことに由来している。現在は「中央銀行の中央銀行」だよ。

未来に役立つ学び

　国際機関は各国の利害を調整し、平和で活発な経済取引を促すために重要ですが、近年は利害対立による機能不全が問題になっています。たとえば貿易自由化を進める機関WTO（世界貿易機関）は、重要な案件の処理ができない状態が続いています。日本は先進国として国際協調を進める立場にあります。

No.50 グローバル化の重要性

グローバル化は良いことばかり？

　情報通信技術の飛躍的進歩は、地球規模での交流を劇的に発展させました。**グローバル化（グローバリゼーション）により、人間の暮らしも、国、地域の経済も、互いの距離に関係なく世界規模で影響を与え合うようになります**。その定義には、地球規模で統合に向かう流れという意味合いがあり、各国、各地域の固有文化の破壊、文化の均質化を危惧する声があることも確かです。

　ただ、視野を広げてみると、グローバル化は人類の歩みともいえます。数千年も前の古代より、人々は川や海のそばに都市を築き、船で物資を運んで交易を行いました。歴史ある都市の近くには必ず大きな川や海があります。社会、経済を発展させ、文明が栄えるためには、貿易や人の交流は必要不可欠です。

[**グローバル化とは**]

国や地域などの枠組みを超え、
ヒト、お金、モノ、情報などが行き来。

一部の地域とだけ交流して、そのほかの地域との交流を絶つ「ブロック化」とは大きく異なる。

各国、各地の固有文化の破壊、
文化の均質化を危惧する声もある。

よみとき 人間社会は貿易により大きく発展しました。

第4章 国際経済学

　現代史では冷戦終結により資本主義経済が旧共産圏に広がり、**経済のグローバル化が大きく進展しました**。国際金融のネットワークが確立され、各国は金融の自由化を加速。多国籍企業は地球上のすべてを市場、投資先ととらえて活動しています。競争が激化した一方、新たなプレイヤーの登場で革新のスピードも速まりました。

　1995年には**WTO**が発足。第二次大戦後に自由貿易を取り決めたGATTを受け継ぎ、より多様で多角的な枠組みを定め、2001年に中国も加盟しました。

　グローバル化の負の側面として、ひとつの国の経済危機が通貨危機を続発させたり、世界同時不況に発展したりすることが挙げられます。国内経済の構造変化、格差拡大、倒産、失業などから、反グローバル化の動きも浮上しています。

[WTOの役割]

 World Trade Organizationの略。日本語では世界貿易機関。164か国が加盟。

◎貿易障壁の削減・撤廃　　◎物品の貿易に加え、知的所有権の保護、サービス貿易、投資など新分野のルールを策定　　◎紛争解決制度により加盟国の貿易紛争に対応

平和的に紛争を解決する制度は、残念ながらほぼ機能していない状態が続いている。

話し合いが大事だね。

未来に役立つ学び

安易な反グローバル化は危険です。自国第一主義、ポピュリスト政党の台頭などにもつながったといわれます。問題が起きたときは経済制裁などで流れを止めるのではなく、外交交渉など交流の強化により解決すべきです。

暮らしからお金を考える

資産形成は誰にでもできる？

　経済的にあまり余裕がない状態では「資産形成なんてできるだろうか」と疑問に思うかもしれませんが、家計の見直しと同時にお金を貯める方法を考えましょう。

　ポイントは、お金があまったら貯金するのではなく、積立預金などを活用すること。車や住宅の購入、子どもの教育費などライフプランに合わせ、「何歳までにいくら貯める」と目標を明確に定めるとモチベーションが上がるはずです。給与が振り込まれる口座から自動振替の設定をすれば、確実に貯まっていきます。勤務先の財形貯蓄制度などを利用するのも手です。

　合わせて覚えておきたいのが、長期の資産管理では購買力の維持が重要だということ。貯金とはまた別に、投資によって増やすことを考えましょう。たとえばインフレ率が2％の場合、物価は36年で2倍になります。タンス預金をしていたら、その現金の購買力は半分、つまり資産が半分になってしまいます。少なくともインフレ率と同じだけの収益を上げる資産運用が必要です。

　投資は預貯金と異なり元本保証がありませんが、預貯金よりも大きな収益が期待できます。投資信託、株式、国債や社債などの債券がおもな金融商品です。何からはじめたらよいかわからないという人は、iDeCo（個人型確定拠出年金）か、確定拠出年金の企業型（企業型DC）がおすすめです。iDeCoは、加入者自身がお金を積み立て60歳※まで運用する制度です。一方の企業型DCは、一定の掛金を企業が積み立て、加入者（従業員）が運用する企業年金制度です。これらは、所得税や住民税が節約できるメリットもあります。

※2022年の改正後は、加入対象者及び積立期間の上限が65歳になるまでに変更された。

第5章

地域経済
世界の各地を知る

第5章で学べること

世界経済、そして世界における日本経済を正しく認識するためには、世界各地の状況を知っておくことが必要です。アジア、ヨーロッパ、アフリカ、南北アメリカの各地域の概況、注目したいポイントなどをまとめました。

中国とアジア各国の成長は続くか

中国は世界2位のGDPを誇り、巨大経済圏構想「一帯一路」を進めています。農業から工業へと発展、現在は最新技術の分野で世界を席巻しているものの、各国と通商摩擦が起きています。ASEAN（東南アジア諸国連合）は加盟国が10か国に増え、2015年に共同体になりました。「世界の成長センター」として注目されています。
➡No51, 52

EU（欧州連合）はうまくいっているか

EUは人口4億5000万人の巨大な単一市場。ヒト、モノ、サービス、資本が国境を越えて自由に移動できます。難しいのは27の加盟国の人口、経済力に大きな違いがあること。豊かな生活を求めて西欧、北欧に移った人々が安価な労働力となり、地元住民の間で失業や経済状態などへの不満が生じています。
➡No53〜55

中東のオイルマネーの近況

中東などの産油国からなるOPEC（石油輸出国機構）は、かつて原油価格を支配し、強大な力をふるっていましたが、アメリカがシェール革命で世界一の産油国となり、エネルギー秩序を大きく塗り替えました。それでも巨額の富が生み出され続けていることに変わりはなく、産油国は製造業、金融業、観光業などに力を入れ、原油依存からの脱却を模索しています。　⇨No56

ドバイには800m超の世界一高いビルがあるんだよね。

ドバイは観光立国で、金融センターでもあるんだ。

アフリカはこれからどうなるか

国による違いが大きいものの、アフリカは人口が増え続ける巨大市場。とくにサハラ砂漠より南の地域は大きな発展が見込まれています。豊富な資源、ICTなどで目覚ましい経済成長を遂げている国々もあります。　⇨No57

55も国があるんだよね。

今世紀半ばには地球上の4人に1人はアフリカ人になるといわれてる。

南北アメリカで何が起きているか

アメリカのGDPは世界全体の4分の1を占めています。中国の猛追があるとはいえ、現在も圧巻のナンバーワン。米ドルは事実上の世界通貨です。シェール革命で世界最大の産油国になりました。南米の国々は第二次世界大戦後に自国だけで工業化を進める戦略をとり、情勢不安もあって期待されたようには経済成長ができていません。　⇨No58,59

アメリカは国内でも国外でももめてるイメージだけど。

製造業からサービス業に転換して世界一をキープしている。

No51 中国

中国は経済大国でも、先進国ではない？

　中国は21世紀に入ると2桁の経済成長率が続くなど急激に発展し、2010年にはGDPが日本を抜いて世界2位になりました。アメリカを抜くのも時間の問題といわれています。巨大経済圏構想「一帯一路」はユーラシア大陸を横断し、アフリカにも積極的に進出しており、欧米諸国からは警戒されています。

　中国経済は豊富な労働力と広大な土地により、農業から工業へと産業を発展させてきました。著しい経済成長により注目された新興国BRICSのなかでも、際立って工業化に成功し、「世界の工場」と呼ばれました。

　現在では、金融・決済、5Gなどの情報通信技術、オンラインショッピング、再生可能エネルギーの基幹部品、電気自動車のバッテリー、遺伝子関連の医療技術など新しい技術分野で世界を制しつつあります。

[中国の概況]

面積	約960万㎢
人口	約14億人
GDP	17兆7,948億ドル（世界2位）
1人当たりGDP	12,614ドル

出所：面積、人口は外務省、GDP、1人当たりGDPは世界銀行（2023年）

1人当たりGDPは、あと少しで高所得国の基準に到達する見込みだ。

中国の世界一

特許の出願数、EVの生産・販売台数、
産業用ロボット稼働台数、決済アプリのユーザー数。

世界一がたくさん！
どこまで発展するんだろう。

138

よみとき 技術革新が進み、先進国まであと一歩です。

1974年から2021年まで続いた一人っ子政策の背景には、食料の安定的確保がありました。人口は抑制されたものの、食料、住居、雇用など貧富の差は拡大。個人の所得格差だけでなく、大都市と農村地域との格差など諸問題が山積しています。

アジアやアフリカなどの国々へのインフラ整備の資金援助は、近年になり返済困難なケースが増え、「債務の罠」として問題になっています。

中国の最新技術についても多くが政府の莫大な補助金で開発され、欧米に安価な製品が流入しているとして通商問題が生じています。環境対策、人権問題の遅れも指摘され、先進国になるにはGDPだけでなく、さまざまな制度を整える必要があります。

[中国の抱える課題]

食料、エネルギーの自給
- 米、小麦の生産量は世界一ながら、需要をまかなえず純輸入国。
- 大麦、トウモロコシなどの輸入も世界上位。
- 石炭などのエネルギーも輸入に依存。

経済格差
- ジニ係数は0.4台で推移（0.4超は社会騒乱の起きる警戒ライン）。
- 高所得者と低所得者の格差は6倍超で、拡大傾向。

対外摩擦
- 債務の罠／スリランカの返済不能によりハンバントタ港は99年のリース契約で中国に引き渡し。
- 通商問題／2018年以降、米中貿易摩擦が激化。中国製品は欧米市場から締め出し状態。
- 環境対策／CO_2排出量は世界の35％を占め、世界最多。
- 人権問題／新疆ウイグル自治区、チベット、香港での基本的人権の侵害など。

スリランカは東アジアと中東を結ぶシーレーンの要衝だから、「債務の罠」に先進国は気が気じゃない。

未来に役立つ学び

中国は急速に少子高齢化が進んでいます。技術で世界をリードする老いる社会という点は日本と似ていますから、その動向は参考になるかもしれません。

第5章 地域経済∵世界の各地を知る

No52 東南アジア、南アジア

アジアの国々はどれほど豊かになった?

　コロナ禍を経て、東南アジアから日本を訪れる観光客が目立って増えています。円安やさまざまな要因がありますが、先立つものがなければ海外旅行は楽しめませんから、それだけ豊かになった証だと考えられます。**東南アジアと南アジアの国々では、工業化、サービス化が進んでいます。**

　東南アジア諸国の発展は、**ASEAN**（東南アジア諸国連合）を見れば明らかでしょう。域内の安定と経済成長のために5か国で設立された1967年から、10か国となった現在までGDPは150倍に増え、「世界の成長センター」と呼ばれて注目されています。1997年のアジア通貨危機を乗り越え、ASEANは2015年には共同体となりました。1人当たりのGDPは過去20年で約4倍にも伸び、成長を続けています。

[ASEANの概況]

| ASEAN加盟国 | ブルネイ、カンボジア、インドネシア、ラオス、マレーシア、ミャンマー、フィリピン、シンガポール、タイ、ベトナム。 |

	ASEAN	日本比	世界で占める割合
総面積	449万km²	11.9倍	3.2%
総人口	6億7,945万人	5.4倍	8.5%
GDP	3兆6,223億ドル	85.6%	3.6%
1人当たりGDP	5,331ドル	15.8%	42.2%
貿易額（輸出+輸入）	3兆8,284億ドル	2.3倍	7.7%

出所：面積、人口、GDPは世界銀行World Development Indicators database、
　　　貿易額はIMF, Direction of Trade Statistics
（注）面積（2021年）を除き2022年

これだけ規模が大きい。見逃せない地域だ。

よみとき 順調に成長を続け、製造業からサービス業へ。

　早くから工業化が進み、金融センター設立などで発展したのが都市国家シンガポールです。エレクトロニクス、化学関連、バイオメディカルなどの製造業、金融サービス業、旅行関連産業などに牽引され、成長を続けています。

　タイも早くに自動車産業などの工業化が進み、ASEANの一大製造拠点として発展しました。少子高齢化で労働力不足に陥り、産業の高度化、高付加価値化が課題です。

　中国の賃金急上昇で工場の移転先となったのがベトナム、カンボジア、それにASEANに加盟していないバングラデシュなどです。南アジアではインドの存在感が増しています。製造業の比率が1970年代にやや上昇し2010年代に低下、IT関連などサービス業の比率が上昇するという従来とは異なる発展を遂げています。

[アジアの有名企業]

CPグループ
- タイ最大規模の財閥、アジアを代表するコングロマリット。
- 動物飼料事業、畜産事業、養鶏事業では世界有数の企業。日本にも冷凍鶏肉が多く入ってきている。
- 総売上は630億ドル（2020年）。

グラヴ
- 2012年マレーシアで創業。
- 現在、本社はシンガポール。
- 原点はスマホを使った配車サービス事業。
- 2018年、ウーバーテクノロジーズの東南アジア事業を買収。
→食事宅配事業を一気に拡大。金融サービスも開始。

> ほかにも、インドのタタなどが有名。世界に名だたる企業が生まれているんだ。

！未来に役立つ学び

　コロナ禍の工場操業制限により、世界の製造業のサプライチェーンにおける役割の大きさが明らかになりました。民族、宗教、社会制度など多様性に富むアジアの国々は、今世紀、さらなる飛躍が期待されています。

第5章　地域経済‥世界の各地を知る

No.53 EUとは何か

EUの創設は経済発展のためか？

　島国である日本と違い、ヨーロッパではユーラシア大陸に国境線が引かれ、周辺の島を含め50にも上る国々が存在します。長い歳月のなかで高度な文明を築き、数々の戦争を経て、現代に至った歴史があります。先進国が多く、それぞれ固有の風土や文化があるにもかかわらず、EUをつくったのは経済を最優先してのことでしょうか。

　第二次世界大戦後、6か国の経済協力に始まった歩みは、相互協力による平和な発展を目指し、さまざまな経緯を得ながら枠組みを整えてきました。==EUとして単一市場の創設を実現させた後には、単一通貨ユーロを導入==。21世紀には中欧、東欧諸国の加盟が増えました。2009年にはEUの性格やしくみ、加盟、運営方法などを定めたリスボン条約が発効し、経済分野の協力にとどまらず、社会、環境、消費者、外交などに協力分野が広がり、現在では35にも上る幅広い分野の政策に取り組んでいます。

[EUの概況]

総面積	412万km²
総人口	4億4,838万人
GDP	18兆3,511億ドル（世界全体の17.6％）
1人当たりGDP	37,433ドル

出所：総面積、総人口Eurostat（2023年）、GDPはIMF World Economic Outlook Database（2023年）、1人当たりGDPは世界銀行 World Development Indicators（2022年）

- EUはEuropean Unionの略。日本語では欧州連合。
- 1993年、マーストリヒト条約発効によりEUに改称。
- 1999年、単一通貨ユーロを導入。
- 加盟国数は27か国、ユーロ参加国は20か国。

現在も5つの加盟候補国が司法、行政、経済の改革など準備を進めているよ。

基準を満たさないと加盟が認められないんだね。

よみとき くり返される戦争と危機から生まれた経済統合体です。

第5章 地域経済∵世界の各地を知る

　EUがつくった法律は加盟国の法律として、そのまま適用されるケースもあります。ほかの国際協力と違い、法律でしっかりまとめられているのがEUです。EUの常任議長はEUの顔として国際舞台に赴き、外務安全保障政策上級代表はEUの外交を担当します。このように27か国でまとまって「ひとつの声」で世界に発信しています。

　EUでは加盟国の間の人口差が大きく、大国が支配的な立場になりやすいところがあります。EUの意思決定の過程では、人口の少ない国の声が埋もれないように、人口比を重視しつつ小国の意見を尊重するしくみが採用されています。

[EU加盟国とユーロ導入国]

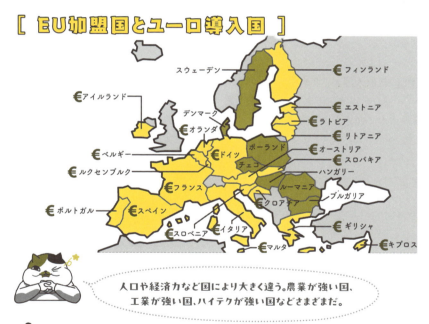

人口や経済力など国により大きく違う。農業が強い国、工業が強い国、ハイテクが強い国などさまざまだ。

未来に役立つ学び

EUは環境政策などのルールづくりで世界をリードしています。EUの政策は国際ルールとなる傾向があり、注視されています。そのひとつの例が、2035年以降、化石燃料自動車の販売を事実上禁止する措置です。

No.54 ヨーロッパの国々

ヨーロッパにおける経済大国はどこ?

　ヨーロッパ経済は2008年の金融危機で不況に陥り、さらにギリシャ債務危機が起きました。2013年以降は経済回復期に入ったものの、情勢は国ごとにさまざまです。**EU最大の経済大国はドイツ。2023年にGDPで日本を抜き、世界3位になりました。**人口もEU最大で、21世紀には政治面でもリーダーの役割を果たしています。早くから工業国として発展し、自動車、化学、医薬品、ソフトウェアなどが主要産業。自動車のフォルクスワーゲンや製菓のハリボーなど世界的な有名企業が多くあります。東西ドイツの経済格差が依然として課題です。
　EU第2の経済大国がフランスです。第二次世界大戦後、戦勝国として敗戦国ドイツと協力し、EUを政治面で牽引してきました。農業国として農産物、畜産物のブランド化を積極的に進めています。製造業では自動車、航空機、ファッションブランドが際立っており、エアバス社の本社もあります。世界最大の観光客受け入れ国です。

[ドイツとフランスの概況]

	ドイツ	フランス
面積	35.7万km²	54.9万km²（本土）
人口	約8,482万人	約6,804万人
GDP	4兆4,561億ドル（世界3位）	3兆309億ドル（世界7位）
1人当たりGDP	52,746ドル	44,460ドル

出所:面積はフランス国立統計経済研究所、人口は独連邦統計庁、フランス国立統計経済研究所（2023年）、GDP、1人当たりGDPは世界銀行（2023年）

フランスは華やかなイメージがあるけど、農業大国なんだね。

東西ドイツが統一されたのは1990年のことだった。

よみとき 大国と北欧、南欧、東欧、それぞれの大枠を把握しましょう。

第5章 地域経済：世界の各地を知る

　北欧諸国は1957年の北欧旅券同盟により、パスポートなしで域内移動ができます。ノルウェーはEUに加盟していませんが、シェンゲン協定への参加により、EUと自由に行き来できます。国内市場が小さく、企業の多くが外国市場に進出しています。

　南欧は農業が発達し、地中海、大西洋での漁業も重要な産業。観光業も盛んです。2000年代末からの債務危機では、EUなどの支援と引き換えに構造改革を迫られました。若年層を中心に失業率が高いことが深刻な問題となっています。

　21世紀にEUに加盟した東欧諸国は、金融危機により経済が落ち込みましたが、その後は持ち直し、1人当たりGDPが上昇しています。ドイツから輸入した自動車などの部品を何か国かを経て組み立て、完成品をドイツに再輸出しています。

　イギリスは2020年にEUから脱退しました。イングランド、スコットランド、ウェールズ、北アイルランドの連合王国で、自動車、金融、スコッチウイスキー、羊毛、農業など、それぞれに特色ある産業が発達しています。

[イギリスの概況]

各地の産業・名産品

面積	24.3万km²（日本の3分の2）
人口	6,843万人
GDP	3兆3,400億ドル（世界6位）
1人当たりGDP	48,867ドル

出所：人口、GDP、1人当たりGDP 世界銀行（2023年）

ロンドンは世界でもトップクラスの金融センターだよ。

! 未来に役立つ学び

　ヨーロッパが取り組んでいるのは「多様性の中の統一」。EUとしてひとつの声を世界に発信しつつ、決定までには多くの議論を重ねます。意見が異なる人々をまとめて世界をリードする姿勢には学ぶべきものがあります。

No55 ヨーロッパの単一市場

単一市場になった メリットは何？

　<mark>EUは統合され、巨大な単一市場となりました</mark>。これによりどんなメリット、社会への影響が生まれているのでしょう。良いことばかりではなく、高い失業率、反政府デモの暴徒化など、負の側面を伝えるニュースも多く伝えられています。

　ヒトの移動が自由になって、EU市民は自由にほかの加盟国に移り住むことができるようになりました。居住先では市民として権利が認められ、医療や子ども手当など、その国の国民と同じ待遇を受けられます。

　また、ヨーロッパにはEUとは別にシェンゲン協定による自由移動圏があり、4億人以上が入国審査を受けずに国境を越えて行き来しています。

[**シェンゲン協定**]

- 1985年に5か国でスタート。
- 29の国で自由移動圏を構成。
- 加盟国間の出入国審査など国境管理を撤廃。
- 非常事態には国境を閉鎖できる。

シェンゲン協定によって国境を越えるときにパスポートのチェックがない。

スタンプが増えないのは残念だな……。

よみとき ヒト、モノ、サービス、資本が自由に移動できることです。

単一市場とは、国境を越えてヒト、モノ、サービス、資本が自由に移動する領域であることを意味しています。

ヒトの移動では、豊かな生活を求める人々が西欧、北欧に移動し、安価な労働力の流入が雇用問題、人口増による住居費などの高騰、治安への不安などを引き起こしました。シリアなどから難民がなだれ込んだときは、危機的状況に陥りました。

モノの移動については、EUは関税のない貿易の自由化を達成しています。サービスの分野では輸送などで国ごとに異なるルールが残り、完全自由化が課題です。

資本の自由移動では、個人や企業が資金を自由に移動し、企業が国境を越えて積極的に活動を展開しています。

[EUの単一市場]

ヒト
国境を越えて自由に行き来。
出入国審査が不要。

モノ
貿易を完全自由化。
域内は関税撤廃。

サービス
自由化されたが、
一部に障壁が残る。

資本
国境を越えた投資を
自由にできる。

イギリス市民がEU脱退を求めた背景には、雇用の悪化があったんだ。

! 未来に役立つ学び

EUの単一市場は人口4億5000万人の巨大市場。失業問題など経済面の不満の高まりは、各地で大衆を扇動するポピュリズム政党の勢力増大につながったと見られ、ひいてはEUの理念を脅かすことが懸念されています。

No.56 中東

オイルマネーは 21世紀も尽きない?

　かつて世界の原油は欧米の国際石油資本に独占されていました。中東を中心とする産油国が自らの利益を守るため1960年に設立したのが、**OPEC**（オペック）です。資源の国有化が進み、巨額のオイルマネーによるインフラ整備や都市の建設などが行われました。

　21世紀に入ると、途上国の発展により原油の需要が増える一方、化石燃料は環境問題の元凶とされ、先進国では対策が進みました。原油の枯渇は心配されていないものの、需要は長期的に減少していくと見られます。加えて、2010年代半ばにアメリカのシェールオイル増産などで原油価格が下落し、産油国の財政は悪化しました。

　==産油国は多角的な産業育成をはかっており、石油化学工業、鉄鋼業などの製造業に加え、金融業、観光業に力を入れる国もあります==。金融センター、最高級ホテル、巨大ショッピングモールやスタジアムがあるUAEのドバイの例がよく知られています。

[OPECとは]

歩み

- Organization of the Petroleum Exporting Countriesの略。日本語では石油輸出国機構。
- 加盟国の利益と国際市場での価格安定のため、1960年に設立。

近況

- アメリカのシェール革命
  →価格支配力が低下。

- 三大生産国はアメリカ、サウジアラビア、ロシア
  →ロシアなどを取り込み、2016年、OPECプラスを設立。世界シェア約5割。

OPECプラスもなかなか足並みがそろわない。

結束しないことには影響力をふるえないね。

よみとき 原油依存からの脱却を模索しています。

2020年、原油価格が史上初のマイナス価格を記録し、中東の多くの国がマイナス成長に転落しました。世界経済の回復と協力減産で持ち直し、2022年はロシアのウクライナ侵攻が重なり高騰するなど、原油価格は世界情勢により大きく乱高下しています。

巨額の富の行き先として注視されるのが<u>政府系ファンドSWF</u>です。中東のSWFは拡大し続け、国家戦略を支え、将来に向けた富の形成にも貢献しています。4兆米ドルを超える規模となり、世界経済における中東の地位を押し上げるといわれています。<mark>中東の地政学的リスクは多く、日本経済、世界経済に多大な影響を及ぼします</mark>。

第5章　地域経済：世界の各地を知る

［ 中東の注目ポイント ］

SWF
- Sovereign Wealth Fundの略。日本語では政府系ファンド。
- 政府が出資し、国の金融資産を運用するファンド。
- 資源売却を資金源とするタイプは「資源型」ともいわれる。
- 運用規模がきわめて大きく、影響力が高まっている。

中東の地政学的リスク
- イスラエル・パレスチナ紛争
- スンニ派、シーア派の対立
- イエメンのフーシ派の攻撃
（貨物船攻撃、海底ケーブル切断など）
- 対米、対EU関係

原油価格が低くなると、SWFは世界中の株式を売って資金を確保する。

原油と株価に関係があるんだ。

「アラブの春」後の大混乱は世界を震撼させた。

❗未来に役立つ学び

GCC（湾岸協力理事会）という防衛、経済など多分野の協力機構があります。加盟国はペルシア湾岸のUEA、バーレーン、クウェート、オマーン、カタール、サウジアラビア。世界の原油生産量の約2割、天然ガス生産量の約1割を産出する国々で、イスラム金融の発展などでも存在感を増しています。

No.57 アフリカ

アフリカの国々は期待を集めている？

　広大なアフリカには55も国があり、かつては経済的に遅れていました。紛争、人権侵害、飢餓などの問題が残る一方、<mark>「最後のフロンティア」として注目されています</mark>。

　今世紀中頃には地球上の4人に1人はアフリカ人になるといわれ、その巨大市場に世界各地からの投資がふくらんでいます。世界経済が伸び悩むなかでも、とくにサハラ砂漠より南の地域は大きな発展が見込まれています。

　<mark>2010年代にはモバイルマネーが普及するという状況も生まれました</mark>。銀行網も電力網も未発達のなか携帯電話が急速に広まり、口座のない人の銀行代わりとなっています。出稼ぎ先からの送金、ネット購入品の支払いなどに重宝され、ケニアをはじめ8か国で展開するアフリカ最大のモバイルマネー「M-Pesa」はおよそ6000万人が利用。フィンテック分野のスタートアップが続々と誕生しています。

[M-Pesa送金のしくみ]

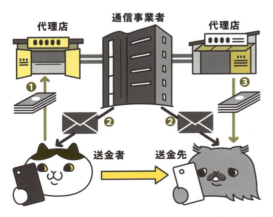

❶代理店に行き、お金を預ける。
❷送金について携帯電話のSMSに連絡。
❸最寄りの代理店で受信したSMSを提示、お金を受け取る。

送金のほか預金・引き出し、ネット購入代金の支払いなどがどこでも可能。

ミニ太陽光パネルの普及が携帯電話の普及を促進したんだ。

よみとき 人口が増え続ける巨大市場、新しい産業も広がっています。

1990年からの内戦で大虐殺が起きたルワンダは、社会の安定とともに経済も回復し、政府の振興策が奏功してICT立国を果たしました。2010年以降は平均7%前後の実質経済成長率をキープし、飛躍的な経済成長は「アフリカの奇跡」といわれます。

原油などの豊富な資源に支えられる国も多くあります。**アフリカ最大の経済大国ナイジェリア**は、国家歳入の約7割、総輸出額の約8割を原油に依存。多分野の産業育成と治安の安定が課題で、近年はサービス産業も成長しています。ダイヤモンドの発見を機に、牧畜を行う世界最貧国から急発展したのがボツワナです。30年間の経済成長率は実に平均約9%。インフラ、教育、医療などの整備が進められています。

[アフリカの国々の概況]

ケニア
面積　58万3,000㎢
人口　5,403万人
GDP　1,074億ドル（世界67位）
1人当たりGDP　1,950ドル

ナイジェリア
面積　92万3,773㎢
人口　2億1,854万人
GDP　3,628億ドル（世界42位）
1人当たりGDP　1,621ドル

ルワンダ
面積　2万6,300㎢
人口　1,263万人
GDP　141億ドル（世界140位）
1人当たりGDP　1,000ドル

ボツワナ
面積　56万7,000㎢
人口　263万人
GDP　194億ドル（世界125位）
1人当たりGDP　7,250ドル

※出所：人口、GDP、1人当たりGDPは世界銀行（2022年）。

ボツワナはロシアに次ぐ世界第2のダイヤモンド産出国なんだよ。

! 未来に役立つ学び

早くからアフリカに進出した中国は鉱業や農業などの分野で投資を行い、中国人労働者を大量に送り込む手法には批判も集まりました。日本はアフリカを援助をする先ではなく、ビジネスパートナーとして見る必要があります。

第5章 地域経済‥世界の各地を知る

No.58 北米

アメリカは偉大な国ではなくなった？

　東西冷戦後、アメリカは唯一の超大国として世界に君臨しています。**GDPは世界の4分の１、株式市場は世界の40％を占めています。**

　アメリカといえば自動車や飛行機など製造業のイメージがあるかもしれませんが、その経済の懐は非常に深く、多くの産業で世界的なプレゼンスを保っています。農産物の輸出、原油の生産量では世界トップの地位にあり、今でも多くの移民をひきつけるチャンスのある国です。

　ただし、中国との経済的な軋轢、深刻な格差・社会問題、各国との通商摩擦、環境問題への懐疑的姿勢など問題は山積み。大陸の東西で3時間の時差がある大きな国であり、州の権限が強く、産業も多いだけにアメリカ経済を理解するのは難題です。

[北米の概況]

	アメリカ	カナダ
面積	約983.4万km²	約998.5万km²
人口	約3億3,500万人	約3,699万人
GDP	27兆3,609億ドル（世界1位）	2兆1,401億米ドル（世界10位）
1人当たりGDP	81,695ドル	53,372ドル

出所：人口は米・カナダ統計局推計。GDP、1人当たりGDPは世界銀行（2023年）

カナダも産油国。広大な森林の9割以上は公有林。州政府や国が管理しているんだ。

アメリカは国土が広大だし、人口も多い。

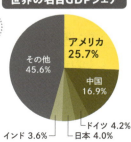

世界の名目GDPシェア

アメリカ 25.7%
中国 16.9%
ドイツ 4.2%
日本 4.0%
インド 3.6%
その他 45.6%

出所：IMF（2023年）

152

よみとき 製造業からサービス業への転換で世界のトップを維持しています。

　20世紀には自動車の大量生産方式を開発し、世界の工場として世界経済を支配したアメリカ。家電製品などもアメリカ製は世界の憧れでしたが、20世紀後半には日本などアジアの国々の台頭で製造業は競争力を失いました。

　1990年代に**情報ハイウェイ政策**が採られ、インターネット時代を迎えるとOSやオフィスソフト、検索システム、プラットフォーム、AIなど多くのサービス企業が世界を席巻。製造業もシリコンバレーが象徴するとおりハイテク製品に比重が移りました。

　アメリカのメディアは今も大きな影響力を有し、ハリウッドで知られる映画産業、観光業も重要な産業です。

　ニューヨークを中心に金融業も競争力が強く、**米ドルは事実上の世界通貨で、アメリカの金融政策は世界経済に多大な影響を与えます**。以前にくらべアメリカの経済的地位は低下したものの、現在も圧倒的ナンバーワンであることには変わりありません。

[アメリカ経済の転換]

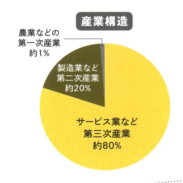

産業構造
- 農業などの第一次産業 約1%
- 製造業など第二次産業 約20%
- サービス業など第三次産業 約80%

輸出上位品目

1位	工業用原材料（エネルギー関連製品、化学原料など）
2位	資本財（民間航空機用エンジンおよび部品など）
3位	消費財（医薬品など）
4位	食料品・飲料（大豆など）
5位	自動車・自動車部品（その他部品・周辺機器など）

出所：米国商務省（2022年）

情報ハイウェイ政策を進め、全米で高速情報ネットワーク構築を進めたのはクリントン政権だったね。

中西部から北東部の工業地帯は衰退して「ラスト（錆びた）ベルト」と呼ばれるようになっている。

第5章　地域経済‥世界の各地を知る

行き詰まるアメリカ第一主義

　アメリカは自動車などの「オールド」な経済では守勢に立たされており、中国などの製品の流入をブロックしようとしています。このような政策はWTO（世界貿易機関）を中心とする自由貿易の原則に反しており、アメリカは提訴されています。それに対して、アメリカはWTOの審議を進ませないという戦略をとっています。

　プラットフォームやソフトウェアなどの「新しい」経済では、アメリカ製品が世界を支配していますが、デジタル課税（P121参照）や個人情報の扱いなどで各国と争いになっています。環境問題では紆余曲折があってパリ協定に署名しましたが、アメリカは先進国のなかでもっともCO_2を排出しており、国際的に非難されています。

　これらの問題に共通するのは、==アメリカは自国を第一に考えている==ということです。20世紀には世界の治安を守る存在として容認されていましたが、==21世紀にはアメリカ第一主義が受け入れられなくなってきています==。

[アメリカ第一主義のあらわれ]

米中貿易摩擦

中国製品の輸入を阻止する政策 → 中国がWTOに提訴 → アメリカは上級委員の任命を拒否 審議をストップさせる戦略

デジタル課税

ビッグテックが世界を制覇 → OECD、ヨーロッパなどでデジタル課税導入の動き → 他国への税の分配を拒否 報復関税などの対抗措置も示唆

環境問題

EV普及策の遅れ、CO_2排出の増加 → 国際会議で非難 → 対策進まず

世界のエネルギー秩序を変えたシェール革命

アメリカはもともと資源国であり、世界的な原油価格の指標であるWTI(ウエスト・テキサス・インターミディエイト)も、20世紀初頭のテキサス州での原油採掘に由来します。**2010年代にはシェールオイルの採掘が爆発的に増え、世界のエネルギー秩序を根底から変えました**。その結果、アメリカの中東情勢への関心は低下、中東の地政学的リスクは大きくなりました。環境規制に消極的な態度にもつながっています。

アメリカの自動車産業はオイルショックに対応できず、燃費の良い日本車に負けてしまいました。環境問題への対策は経済の長期的な競争力を左右します。

北米ではカナダも産油国であり、世界で十指に入る経済大国です。アメリカ同様、情報通信、金融、保険、不動産など第三次産業が発展しています。広大な国土は原油以外にも鉱物資源、水産資源、森林資源、水産・農業資源などに恵まれ、木材は世界に広く輸出されています。

[シェール革命]

従来は困難だった地下深くの頁岩(シェール)層からガス、原油を採取。技術革新により大規模な商業生産を実現した。

シェール革命以降は、サウジが原油を減産しても価格を高くできなくなった。世界最大の産油国に返り咲いたアメリカが強大な力を握っている。

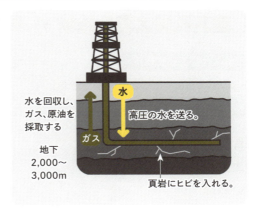

水を回収し、ガス、原油を採取する
地下2,000〜3,000m
水
ガス
高圧の水を送る。
頁岩にヒビを入れる。

! 未来に役立つ学び

日本にとってアメリカは最大の経済パートナー国です。アメリカからの経済的要求は時に過大に思えるでしょうが、アメリカ式の思考回路を理解することが問題の解決につながります。

第5章 地域経済‥世界の各地を知る

No59 南米

人口も資源も豊かなのに豊かになれない？

　南米の国々は概して人口と資源に恵まれています。20世紀中ごろには日本よりも1人当たりGDPが高く、経済成長が期待されました。たとえば、アルゼンチンはヨーロッパからの投資でインフラを整備し、穀物、肉類の輸出で有名です。

　ところが、<u>現在ではあまり成長を期待されていません</u>。要因のひとつは、第二次世界大戦後の<u>輸入代替工業化政策</u>にあるといわれます。アジア諸国が輸出志向型工業化政策をとり、日本から機械や部品を輸入して工業製品をつくったのとは対照的に、自国だけで工業化を進めようとしたのです。アジア諸国はアジア域内、日本、アメリカに安価な製品を販売して成長していき、南米諸国は追い抜かれる結果となりました。

[輸入代替工業化政策 vs. 輸出志向型工業化政策]

輸入代替工業化政策
- 高関税で機械や部品などの輸入を阻止。
- 自国だけで工業製品を生産。
- 補助金などで国産工業を手厚く保護。

輸出志向型工業化政策
- 外国から機械や部品などを輸入。
- 国内で組み立てた安価な工業製品を輸出。
- 技術力の向上とともに部品の輸入を減らす。

自国だけで
工業化を進める、
いわば
"工業版の鎖国"。

南米の国々

国際市場の
競争のなかで
輸出拡大、
経済発展。

アジア諸国

輸入代替というのは、機械などを自国で生産する戦略をいう。

自国の産業を守る良い政策に見えるけど……、難しいんだね。

よみとき 輸入代替工業化政策と政情不安が足かせになりました。

工業製品を自国だけでつくるには、機械などの設備、部品、エンジニアを自国で準備する必要があります。工業の基盤がない状態で設備を整え、部品からつくり、外国製品と競い合えるものを生み出すことは非常に困難です。重要なカギとなる優秀な人材は、国内で確保できない段階では外国から招かなければなりません。そのためには高い報酬だけでなく、安全な生活環境、教育環境、医療体制などが求められます。**経済が発展しないまま人口が爆発的に増えると社会不安が増します**。麻薬カルテルの跋扈、犯罪の増加、政情不安などは、外国からの投資を遠ざけます。まずは治安の回復が先決であり、その後に外国からの企業の誘致に力を入れる必要があります。

[南米の主要国の概況]

ブラジル
面積　851.2万㎢
人口　約2億1,531万人
GDP　2兆1,737億ドル（世界9位）
1人当たりGDP　10,044ドル
出所：世界銀行（2023年）

アルゼンチン
面積　278万㎢
人口　約4,623万人
GDP　6,406億ドル（世界22位）
1人当たりGDP　13,731ドル
出所：世界銀行（2023年）

ベネズエラ
面積　91万㎢
人口　2,795万人
GDP　473億ドル
1人当たりGDP　1,691ドル
出所：IMF（人口は2021年、GDP、1人当たりGDPは2020年推定値）

ベネズエラは2020年のIMF推定値でGDP成長率－30％、物価上昇率は2,355％だ。

世界でも有数の産油国なのに。国外に逃れる人も多いんだよね。

未来に役立つ学び

ブラジルはサトウキビからつくったバイオエタノールを自動車の燃料に使っています。エタノール100％で走る自動車も普及し、カーボンニュートラルに近づいている社会は、南米経済に見るお手本の一例といえます。

第5章　地域経済：：世界の各地を知る

保険に入る必要性

　人生のなかでは不測の事態にあう可能性があります。自分または家族の病気やケガのほか、交通事故や火事が起きることもあるかもしれません。家計を支えていた家族が働けなくなることもあります。医療費、通院の費用、生活費、車の修理、介護、生活再建など、状況によっては多額の出費が必要になります。

　そうしたリスクに備えて加入するのが民間の保険です。加入した人たちが保険料を出し合うことで、万一のときにまとまった額の保険金が支払われるしくみです。「貯金をしているから大丈夫」と思う人もいるかもしれませんが、その時点で必要な金額に届いていない可能性もあるでしょう。保険であれば契約した金額を受け取れます。

　どんな保険が必要かは、年齢や家族構成などで異なります。小さな子どもがいる家庭なら、万一に備え生活費、教育費に困らないよう死亡保険を検討するでしょう。扶養家族がいない場合は、老後の備えとして個人年金保険や民間の介護保険などに入る選択肢もあります。

　さまざまなプランを検討する際は、社会保険では足りない分をカバーするのだと考えることです。会社員であれば社会保険料は給与から天引され、必要な状況で給付が行われます。

　病気やケガで治療を受けた場合、病院で支払うのは自己負担する金額です。公的医療保険には高額療養費制度もあり、保険診療の医療費が高額になっても、自己負担の上限額まで払えばよい制度です。

　老後の資金には老齢年金、介護保険があります。仕事中のケガなどの治療費は労働者災害補償保険でカバーされます。民間の保険は、こうした社会保険の内容を把握したうえで選ぶようにしましょう。

第6章

環境と資源の経済学

第6章で学べること

21世紀を生きる私たちにとって、地球環境と資源は最大の課題といえます。いかにして持続可能な社会を築いていくのか、国家、世界の経済はどうなっていくのか、注目したい潮流を見ていきます。

気候変動と経済の関係

先進国は化石燃料を盛んに使い、発展してきました。気候変動の影響はすでに生産活動の妨げとなるレベルに達しています。環境保護を新しい技術によって実現できれば、経済成長の足がかりとなるでしょう。
⇨No60

発想の転換が必要だね。

いまの世界では環境無視のビジネスはできないよ。

化石燃料は使われなくなるか

温室効果ガスの排出量を減らすには、化石燃料への依存から脱する必要がありますが、中国や途上国は石炭を使った大量生産でコストを抑え、成長しています。再生可能エネルギーは伸びているものの、世界全体で見るとまだわずか。また、原油や石炭には素材としてのニーズもあります。
⇨No61,65〜67

先進国も化石燃料を使って発展してきたからね。

そうか、再エネはまだまだか。

私たちが日常でできること

環境や人権など倫理を重視した消費スタイルをエシカル消費(倫理的消費)といいます。国連の「持続可能な開発目標(SDGs)」でも、持続可能な消費とライフスタイルが経済と社会の発展につながるとされています。⇨No.63

洋服でもスマホでも大事に長く使うことだ。

それとリサイクルだね!

水の奪い合いが起きるのか

安全な水をめぐり争いになると予測されています。日本も例外ではありません。日本は食料自給率が低く、大量の食料を輸入しているために状況が見えにくいだけ。食料を輸入することで、その生産に必要な水を国内で使わずにすませているということです。⇨No.64

トウモロコシ1キロに必要な水は1,800リットルにもなる。

それを食べて育った牛となると桁違いの水の量に!

金やレアメタルの高騰の影響

レアメタル

貴金属や鉄、銅、レアメタル、レアアースなどは、いずれも現代の産業に欠かせない素材。日本はほとんどを輸入に頼っています。産出国が限られる素材は、政策、外交などの影響を受けるため、安定して確保できるように輸入先の分散、輸入ルートの開拓などが行われています。⇨No.70,71

2020年には中国の輸出規制で"レアアースショック"が起きた。

先端技術に欠かせないんだよね。

No.60 なぜ気候変動が重要か

環境保護は経済成長の妨げにならない？

　世界気象機関（WMO）は、過去10年間の世界の平均気温が観測史上、最も高かったと発表しました。対策を講じなければ、2100年までに1,000兆ドルの被害が出ることになり、対策をしたほうが費用を抑えられるといいます。

　たしかに、世界各地で熱波や洪水、大型の台風やハリケーン、干ばつ、山火事などの自然災害が頻発し、甚大な被害をもたらしています。

　歴史を振り返ると、産業革命以降、化石燃料の利用による生産性向上が、世界経済を発展させてきました。経済活動は環境に対してさまざまな負荷を生み、環境保護は経済成長にブレーキをかけるといわれてきました。

　最近では、政府も企業も環境保護に前向きに取り組んでいますが、経済活動、経済成長の妨げにならないのでしょうか。

よみとき 環境を守る新技術は経済成長のチャンスを生みます。

　<u>日本では、環境対策をコスト増加と結びつけて考える傾向があります</u>。たとえば、工場からの汚染物質の流出が問題になれば、浄化装置をつける対策が検討され、その設置にコストがかかると考えがちです。<u>一方、環境先進国のヨーロッパでは発想が異なり、そもそも汚染物質を出さないような技術を開発すればよいと考えます</u>。こうして生まれる新技術は産業の競争力を高めます。

　このような考え方の違いは、発電でも見られます。日本では石炭や天然ガスなど化石燃料を使用した発電の効率化が追求されていますが、ヨーロッパは化石燃料をまったく使わない再生可能エネルギーでの発電を普及させようとしています。

第6章 環境と資源の経済学

　経済学では、生産、流通などの過程で生じる環境への影響、消費後の廃棄などが考慮されていません。大量生産・大量消費によってGDPは増加して経済は成長するというのが経済のモデルです。しかし、人口が増えすぎた21世紀には、化石燃料の消費や水資源、ごみの処理などの環境負荷は無視できないレベルに達しています。

　環境の悪化はさまざまな場面で人類に影響を及ぼします。遠い南の島が水没するリスクに限らず、国内においても気温上昇によって建設業などで労働生産性の低下が起こり始めています。汚染物質による健康被害の問題も深刻です。

　温暖化や気候変動では表現が弱いとして、気候危機という言葉も使われるようになってきました。**もはや環境か経済かではなく、環境を守らなければ経済が成り立たない状況になりつつあります**。

［ 気候変動が引き起こすリスクの例 ］

- 海水面の上昇により沿岸地域、島々で浸水、水没。

- 大気中の汚染物質により呼吸器系の病気が増加。

- 気温が高い地域で農業の継続が困難に。

- マイクロプラスチックによる健康被害。

- 気温上昇により屋外作業に弊害発生。

気候変動による被害総額は2050年までに年間38兆ドルに達すると推計したドイツの研究所もある。

もう待ったなし、ってことだね。

未来に役立つ学び

環境規制には産業政策の一面もあります。先進的で世界に通用する環境規制をつくり、企業が守ることで、国際的な競争力が強化されます。環境対策ができない国や企業は、国際経済から取り残され、活動の場を失いかねません。

No61 気候変動対策

気候変動対策は本当に進んでいる?

気候変動対策としては、CO_2（二酸化炭素）などの温室効果ガスの排出量削減が最大の課題とされています。先進国の間の国際的な取り決めとして、1997年の京都議定書は具体的な数値目標を課したことが画期的だったといわれます。アメリカ、中国、インドなど排出量の多い国々が不参加でしたが、その後の流れに結びつきました。

日本の主導により京都が舞台となったにもかかわらず、日本の気候変動対策は世界的に見て遅れをとっています。京都議定書に続く世界共通の長期目標として、2015年に採択されたのがパリ協定。世界の平均気温の上昇を産業革命前から2℃より十分低く保ち、1.5℃に抑える努力をすることなどが定められました。

 EUが牽引していますが、まだまだ道半ばです。

気候変動関連の政策で先駆的な立場にあるのはEUです。2005年には排出権取引制度EU-ETSを発足させました。企業に排出枠が設定され、それを上回るCO_2を排出すると罰金が課せられるキャップ方式、罰金を避けるため企業は排出枠の余った企業から排出枠を買い取ることができるトレード方式を取っています。

[EU-ETSのイメージ]

CO_2排出量の少ない企業がさらに減らして排出枠を売るため、社会全体のCO_2排出が大きく減る。

罰金を嫌った企業がEU域外で生産してEU域内に輸入したら意味がありません。これを防ぐのがCBAM(炭素国境調整メカニズム)であり、2023年に導入されました。

日本でも、2026年度から政府の排出量取引が本格的にスタートします。東京証券取引所にはすでにカーボン・クレジット市場が開設され、企業の再生可能エネルギー導入、植林などによる排出量削減分の取引が始まりました。

現在、120以上の国と地域が目指しているのが、2050年までのカーボンニュートラルの実現です。温室効果ガスの排出量と吸収量を均衡させ、全体としてゼロにするということです。炭素中立型経済社会への移行という表現もされます。

途上国を含めた世界全体では、再生可能エネルギーの比率はほんのわずかです。途上国は先進国との価格競争に打ち勝つため、環境に投資するよりも安く大量に生産することを目指しています。かつての先進国と同じ道をたどっているともいえます。

[エネルギー消費に占める割合(世界)]

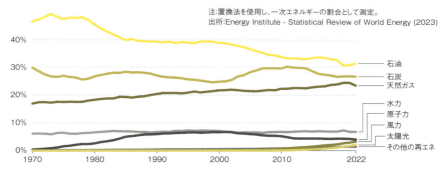

注:置換法を使用し、一次エネルギーの割合として測定。
出所:Energy Institute - Statistical Review of World Energy (2023)

再エネは伸びているが、世界全体ではまだわずか。

経済や暮らしに大きな変化を起こす必要がある。

日本の環境技術やシステムとか、もっと役立つといいね。

! 未来に役立つ学び

企業の気候変動対策は本業のなかで進める必要があります。植林などは国際的には環境対策として認められません。業務フローの見直し、新しい技術の導入、エネルギー効率の向上など本業での改善策への取り組みが重要です。

第6章 環境と資源の経済学

No.62 気候変動対策の投資資金
企業がESG経営をアピールするのは？

　ESG(Environment／環境、Social／社会、Governance／企業統治の頭文字)経営をアピールする企業が増えました。環境や社会に配慮し、持続可能な発展を目指す姿勢が伝わってきます。企業イメージを向上させるのが目的なのでしょうか。

　国連で**PRI**（Principles for Responsible Investment／責任投資原則）が提唱されたのは2006年のことでした。企業の株式に投資して運用する機関投資家に対して、持続可能な社会の構築や責任ある行動を企業に促すことを宣言し、PRIに署名するように求めたのです。

　2010年代には、メキシコ湾での原油流出事故、バングラデシュでの縫製工場崩落事故、租税回避問題など<mark>企業の倫理が問われる事象</mark>が相次ぎ、注目を集めました。株主は企業の株主総会で投票する権利を持ち、経営に関与できます。大株主には、企業の行動をより良い方向に導く責任があります。機関投資家には生命保険会社、年金基金などが含まれますが、近年は大学のなかにもPRIに署名する機関が出てきました。

<u>投資先として選ばれるための最低条件となったからです。</u>

　日本ではESGというと環境問題に直結するイメージがありますが、2010年代の欧米ではESGといえば企業統治の問題でした。大企業のトップには決まって白人男性が就き、不透明な方法で次のトップへと継承されるなか、<mark>人材の多様性と経営の透明性</mark>が求められました。2020年代に入り、社会との関わりが重視されるようになってきています。株式会社は利益を求めて行動しますが、<mark>短期的な利益第一主義への批判</mark>は高まっています。コロナ禍も企業の行動を変化させるきっかけとなり、<mark>従業員や地域社会との関係の見直し</mark>が進んでいます。

環境関連では、持続可能な社会を実現するための資金調達、サステナブルファイナンスが盛んになっています。日本でも金融庁が2020年、「持続可能な経済社会システムを支えるインフラ」と位置づけ、さまざまな施策に取り組んでいます。2023年からは、有価証券報告書にサステナビリティ情報を記載する欄が新たに設けられました。
==環境問題の解決に取り組むグリーンプロジェクトの資金調達方法には、グリーンボンドがあります==。企業は通常の社債より低い金利で資金調達ができます。
このように環境対策に貢献できる投資は欧米を中心に急拡大しましたが、==実体をともなわないグリーンウォッシュ==への懸念が高まっています。環境対策が見せかけだけの投資商品が摘発されるケースも続出し、見直しをはかる動きも生まれています。

[国内企業等によるグリーンボンドの発行実績]

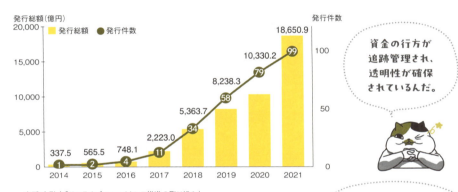

出所:金融庁「サステナブルファイナンス推進の取り組み」

太陽光発電、風力発電など
"グリーン"なプロジェクトの資金を調達する
債券が増えている。

> 資金の行方が追跡管理され、透明性が確保されているんだ。

> 地球環境を守って社会問題を解決することに貢献できるんだね。

! 未来に役立つ学び

2010年代に欧米中心に起きたESGブームは、収益率の低さなども明らかになり、2020年代にアメリカでは事実上、ESG投資は終焉を迎えました。短期的な利益を犠牲にしてまで長期的な理念を追うのは難しいのが現状です。

第6章 環境と資源の経済学

No63 カーボンフットプリント

エシカル消費とはどんなもの?

家計は地球環境の大きな課題にどのように取り組んだらよいでしょうか。==消費活動を考える際、近年は「エシカル消費(倫理的消費)」という言葉がよく聞かれます==。

国連が掲げる「持続可能な開発目標(SDGs)」の17のゴールのうち、12番目は「つくる責任、使う責任」。生産活動を行う企業だけでなく、消費者に対しても持続可能な消費とライフスタイルを求め、それが経済と社会の発展につながるとしています。

欧米の若い世代には合成宝石が人気です。天然宝石の採掘環境が劣悪で強制労働や買いたたきが起こるのに対し、合成宝石は工場でつくられ、人権問題がなく、価格も格段に安いためです。==EUはファストファッションが時代遅れと宣言しています==。同じ服を長く着ることで環境負荷は抑えられます。スマートフォンやパソコンを修理して使うこともエシカル消費であり、==「修理する権利」==の法整備が世界で進んでいます。

[服のライフサイクルと環境負荷]

生産

綿花の漂白、染色、大量生産

流通

輸出入、店舗まで輸送、返品

廃棄

ほとんどが焼却または埋め立て。リサイクルされない。

長く使うことで環境負荷を抑えられる。

服一着の原材料調達から製造まで約2,300ℓもの水が使われ、汚染されるといわれる。

EUでもリサイクル率はわずか1%だって。

よみとき 環境や人権など倫理を重視した消費スタイルです。

　エシカル消費の手がかりになるものとして、**カーボンフットプリント**があります。商品やサービスの原材料の調達から生産、流通、販売、廃棄まで、各過程で出されるCO_2の排出量を合計したものです。たとえば、輸入品のミネラルウォーターは輸送過程でのCO_2排出量が国産品よりも格段に大きいため、カーボンフットプリントは大きくなります。

　カーボンフットプリントを見える化するためにつくられたのが、CFPマークです。秤の皿に「100g」「50kg」などとその製品のCO_2排出量が表示され、消費者の低炭素な選択に役立ちます。

[ミカンの缶ジュースのカーボンフットプリント]

1 原材料の調達
ミカンの栽培、アルミ缶製造。
CO_2排出量18.5g

2 生産
ジュース製造、パッケージング。
CO_2排出量30.8g

3 流通
販売店への輸送・配送、販売。
CO_2排出量43.1g

CO_2の合計排出量は123g

5 廃棄・リサイクル
空き缶収集、リサイクル処理。
CO_2排出量12.1g

4 使用・維持管理
家での冷蔵。
CO_2排出量18.5g

参考:CFPプログラム「初心者のためのCFP」

空き缶をリサイクルするときのCO_2も加えられるんだね。

! 未来に役立つ学び

CFPマークのほかにも、グリーンな商品、サービスであることを示す環境ラベルには、カーボン・ニュートラルラベル、カーボン・オフセット認証ラベル、エコマーク、グリーンマークなどさまざまなものがあります。

No64 バーチャルウォーター

日本はほかの国の水資源に頼っている?

　持続可能な社会経済について考えるとき、水不足も大きな問題です。食料の生産には水が不可欠ですから、水不足は食糧危機にもつながります。**21世紀の世界では、安全な水をめぐって争いが起きることが予想されています**。

　現在の日本では水不足を実感することはほぼありませんが、それは食料を大量に輸入しているからです。日本がどれだけ他国の水に頼っているかを知るためには、**バーチャルウォーター**（仮想水）という考え方が役立ちます。食料を輸入している国が、国内でその食料を生産するとしたら、どれだけ水が必要かを推定したものです。

　バーチャルウォーターは、ブルーウォーターと呼ばれる灌漑水量にグリーンウォーターと呼ばれる雨水由来の土壌水分も加えた値を推定します。

よみとき

食料を輸入することは水を輸入することと同じです。

　たとえば、日本は牛や豚などの飼料のトウモロコシの大半を輸入していますが、もし国内で生産したらどうなるでしょうか。

[バーチャルウォーター]

 =

トウモロコシ1kg　　水1,800ℓ

2ℓのペットボトル900本分が必要!　トウモロコシ1kgの輸入で、この量の水を節約したことになる。

トウモロコシを食べて育った牛の肉を輸入するとなると、飼料生産に要した水に牛の飲み水が加わるため、牛肉1kg当たり2万ℓ超という非常に高い値になります。このように、==穀物や野菜よりも肉のほうがバーチャルウォーターは多くなります==。

日本の食料自給率の低さが問題視されますが、食料の生産を増やせば水の使用量が増えます。日本は水が豊富だと思われているのは、バーチャルウォーターを多く輸入しているからです。その量は2005年で年間約800億m³に上ったと推定され、これは国内で使用される水と同じくらいの量です。

逆に考えると、==日本は世界各国に水の使用を押しつけていることにもなります==。アメリカやブラジルなどの農業大国では、干ばつや水不足が問題になりつつあります。いつまでも好きなだけ輸入ができるとは限らない世界になってきています。

[バーチャルウォーターの比較]

	単位	必要水量
牛肉	1kg	2万600ℓ
豚肉	1kg	5,900ℓ
鶏肉	1kg	4,500ℓ
大豆	1カップ(150g)	375ℓ
かぼちゃ	1個(1,200g)	371ℓ
オレンジ	1個(225g)	141ℓ
バター	大さじ1(13g)	172ℓ

出典:東京大学生産技術研究所 沖研究室

環境に負荷をかけたくないからとベジタリアンになる人もいる。

輸入食品にこういう視点があったとは!日本の食生活はバーチャルウォーターの輸入で成り立っているんだね。

! 未来に役立つ学び

日本は食料の多くを輸入していますが、肥料も輸入に頼っています。家畜に与える飼料も多くを輸入しています。私たちの食事は農業に必要なさまざまなものを目に見えない「バーチャル」な形で輸入することで成り立っています。

第6章 環境と資源の経済学

No65 原油の活用

脱炭素社会に向けて原油は不要になる？

　原油は化石燃料の代表格。原油を精製することでガソリン、軽油、重油などが得られます。燃焼時に温室効果ガスなどを排出するため、とくに発電用では再生可能エネルギーへの移行が進められ、電気自動車も急速に普及してきました。

　原油の埋蔵量には限りがあることから、このまま使い続ければ枯渇の恐れもあります。可採年数は新たな油田の発見や技術革新により左右され、推定は困難ですが、現状ではあと50年程度といわれています。

　私たちは原油を使わない社会を構築することができるでしょうか。

エネルギー転換が進んでも素材としてニーズがあります。

　現代社会は原油をエネルギー源として発展してきました。原油の生産量は過去50年ほどで約1.5倍に拡大し、現在もエネルギー消費の約3割を依存しています。

　一方、世界各地での油田開発などにより、中東諸国が多いOPEC（石油輸出国機構）の生産量シェアは1970年代前半の50％前後から30％程度まで低下しました。

[石油生産国ランキング（2022年）]

	日量	世界シェア
アメリカ	1,777万バレル	18.9%
サウジアラビア	1,214万バレル	12.9%
ロシア	1,120万バレル	11.9%
カナダ	558万バレル	5.9%
イラク	452万バレル	4.8%

ええっと、1バレルは約160ℓだね。

・世界全体では日量約1億バレルに上る。

出典：Energy Institute「世界エネルギー報告」

原油は燃料として使われています。ガソリンは自動車、軽油はトラックや飛行機、重油は船の燃料です。原油の使い道はそれだけではありません。軽油は灯油と同じもので、暖房に使われます。重油もボイラー燃料として暖房に使われます。

原油からナフサという物質がつくられますが、ナフサからはベンゼンやプロピレンなどの素材が得られます。これらを加工してさまざまな製品がつくられます。プラスチックはペットボトル、ボールペン、スマートフォンのケースに使われ、ポリエステルなどの繊維から服がつくられます。自動車のタイヤなどのゴム製品や水道のパイプに使われる塩化ビニールも原油由来です。そのほかには、接着剤、合成洗剤、防腐剤、化粧品や医薬品、紙の素材としても使われます。

第6章 環境と資源の経済学

[石油化学製品]

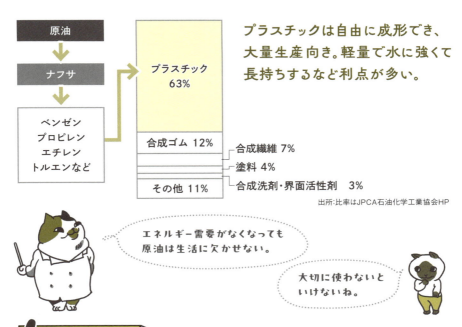

出所:比率はJPCA石油化学工業協会HP

未来に役立つ学び

原油は太古の生物の死骸が変化したものですが、自然環境では分解されにくい性質があります。近年、とくに問題視されているのがマイクロプラスチック。資源の有効活用には、使用量削減だけでなく、廃棄の問題も含まれます。

No.66 石炭と天然ガス（原油以外の化石燃料）

環境に悪い石炭を使い続けるのはなぜ？

　石炭は燃焼時に硫黄酸化物や窒素酸化物など多くの環境汚染物質が排出され、環境負荷が大きいことが知られています。中国のPM2.5（直径2.5マイクロメートル以下の微小粒子物質）発生のおもな原因でもあります。

　急速な経済成長が続いた中国、後に続くアジアの国々などでは、2000年代に入り石炭の消費量が拡大しました。日本国内でも石炭火力発電は続いています。

　カーボンニュートラル実現のためには、石炭の使用をもっと積極的に規制すべきではないでしょうか。なぜいまだに使い続けているのでしょう。

よみとき 石炭は安価で安定供給可能、素材としても使われます。

　石炭は原油などにくらべ非常に安価で、産出地域が広く分散し、埋蔵量も豊富にあり、安定供給が望めます。過去10年で世界の生産量は約6％増加しています。

　石炭も原油と同じく素材として使われ、鉄鋼への添加物、電極の材料などになります。炭素繊維は40年ほど前に日本で開発され、カーボンナノチューブも日本で発見された先端材料として世界から注目されています。

　21世紀に入って生産量、消費量が伸びているのがメタンを主要成分とする天然ガスです。化石燃料ですが、石炭、原油より燃焼時の汚染物質排出が少ないという特徴があり、発電のほか都市ガスにも用いられます。マイナス162度まで冷やして液化天然ガス（LNG）として運ぶほか、パイプラインで輸送することもできます。

　天然ガスの重要性は、ロシアによるウクライナ侵攻で明らかになりました。ロシア産に依存していたドイツで天然ガスの輸入物価が一時期10倍近くに急騰し、世界的にエネルギー価格が高騰するなど甚大な影響をもたらしました。

[石炭の生産量と貿易（2022年）]

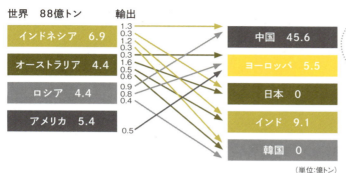

中国は世界の半分強を生産しつつ、最大の輸入国でもある。

出所：Energy Institute, Statistical Review of World Energy 2023, p.41。

[天然ガスの生産量とLNGの貿易（2022年）]

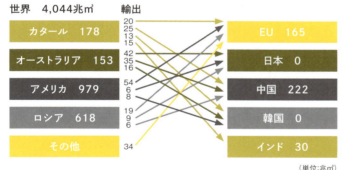

原油からつくられるガスをプロパンガス（LPG）という。

出所：Energy Institute、Statistical Review of World Energy 2023、pp.37-38。

第6章 環境と資源の経済学

> **未来に役立つ学び**
>
> 石炭などからつくる炭素繊維は、軽量で強度が高く、航空機や自動車、建築材料、医療など幅広い分野での利用が進んでいます。日本企業が技術改良を重ねた結果、日本は品質、生産量とも世界一の実績を有しています。

No67 再生可能エネルギー

環境に良い再エネは世界に広まっている？

　<mark>再生可能エネルギー（再エネ）は、環境への負荷が少なく、化石燃料のように使い尽くす心配もなく、永続的に利用できます</mark>。エネルギー資源を輸入に頼る日本では、エネルギー自給率を上げるメリットも期待されています。<mark>太陽光、太陽熱、風力、水力、地熱、バイオマスなどによる発電が代表例です</mark>。

　日本は取り組みが遅れているといわれていましたが、最近では山間部や大型施設などで太陽光パネルが設置されているのを見かけたり、洋上風力発電が話題になったりすることも増えました。

　再エネは発電量が変動しやすく、コストがかかるといわれますが、実際のところ日本と世界ではどのくらい広まっているのでしょう。

太陽光、風力、バイオマスなど各国が積極的に導入しています。

　各国は日照量の多さ、水源の豊富さなどの地理的条件を生かしながら、再エネの導入を進めています。たとえば、「火山の国」といわれるアイスランドでは、火山活動を利用した地熱発電に加え、氷河からの水力発電に積極的に取り組み、再エネのみで電力の100％をまかなっています。

　<mark>日本の再エネ電力の占める比率は約2割です</mark>。少ないように思うかもしれませんが、太陽光発電では世界3位であり、国土面積あたりの導入容量では主要国のなかで最大級となっています。大きな後押しとなったのが、固定価格買取制度（FIT）でした。世界的にも、太陽光発電はFITの導入によって2000年代後半から急速に拡大しました。市場の拡大にともない、導入コストが低下し、近年は新興国にも広がって、さらなる普及が期待されます。

意外かもしれませんが、<mark>再エネで世界の先頭を走っているのは中国です</mark>。太陽光発電のみならず、風力発電では世界の4割を占める導入量を誇ります。再エネのなかでもっとも導入が進んでいる水力発電においても、中国が世界の設備容量の約3割を占めています。先進国とは対照的に大規模ダムの開発が現在も進められています。

バイオマスについても、積極的に取り組む国が増えています。アメリカのトウモロコシ、ブラジルのサトウキビなどを使ったバイオエタノールがよく知られ、ガソリンと混ぜて自動車の燃料に使われています。燃焼時に排出される温室効果ガスが少なくなりますが、食料を使うために食料価格高騰などの影響が懸念され、ブラジルではアマゾン流域の森林破壊の問題も起きています。稲わら、木屑、藻類、廃棄物などを原料とする次世代型バイオ燃料の開発も行われています。

[各国の再エネ発電導入容量(2021年実績)]

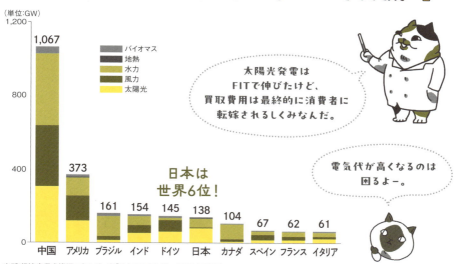

出所:経済産業省資源エネルギー庁「日本のエネルギー 2023年度版」

！未来に役立つ学び

再エネは温室効果ガスの削減につながりますが、環境に良いとは限りません。太陽光や風力の発電設備設置による自然破壊、将来的な大量廃棄問題、風車が発する低周波問題などがあります。もっとも重要なことは、できるだけ少ないエネルギーで活動するような技術を開発することです。

第6章 環境と資源の経済学

No68 農産物

小麦やトウモロコシの貿易はどこが盛ん？

世界的な穀倉地帯であるウクライナがロシアの侵攻を受けて以降、食料の安全保障への不安が高まっています。世界の人口は80億人を超え、食料の需要が増している一方で、気候変動による凶作の問題などもあります。

世界の農産物の市場、取引はどのようになっているのでしょう。

三大農産物にあげられるのは、小麦、トウモロコシ、大豆です。国際的にも幅広く取引されています。アメリカのシカゴに農産物の取引所があり、世界的な価格指標が公表されています。

三大農産物は私たちの食料になるだけでなく、さまざまな形で取引されています。小麦のふすまは食用や飼料に、トウモロコシも食用と飼料用があり、プラスチックもつくられます。大豆は硬いまま圧力をかけてつぶすと油が採れます。いわゆるサラダ油です。搾りかすは大豆ミールとして国際的に取引されます。おもに飼料にされます。

[三大農産物の生産と貿易]

小麦

生産	中国	13,695
	インド	10,959
	ロシア	7,606
	アメリカ	4,479
	フランス	3,656
輸出	ロシア	2,737
	オーストラリア	2,556
	アメリカ	2,401
	カナダ	2,155
	ウクライナ	1,939
輸入	インドネシア	1,148
	中国	971
	トルコ	888
	アルジェリア	803
	イタリア	730

トウモロコシ

生産	アメリカ	38,394
	中国	27,255
	ブラジル	8,846
	アルゼンチン	6,053
	ウクライナ	4,211
輸出	アメリカ	7,004
	アルゼンチン	3,691
	ウクライナ	2,454
	ブラジル	2,043
	ルーマニア	690
輸入	中国	2,835
	メキシコ	1,740
	日本	1,524
	韓国	1,165
	ベトナム	1,060

大豆

生産	ブラジル	13,493
	アメリカ	12,071
	アルゼンチン	4,622
	中国	1,640
	インド	1,261
輸出	ブラジル	8,611
	アメリカ	5,305
	パラグアイ	633
	カナダ	450
	アルゼンチン	428
輸入	中国	9,652
	アルゼンチン	487
	メキシコ	460
	オランダ	416
	タイ	400

（単位:万トン、2021年）　出所:FAOSTAT

よみとき 主要生産国は中国とアメリカ。中国は輸入大国でもあります。

第6章 環境と資源の経済学

　中国は世界トップクラスの生産国ですが、消費をまかなうことができず純輸入国に陥っています。人口14億人の中国の動向が世界の農産物市場を揺らしています。

　アメリカはトウモロコシの輸出国ですが、21世紀に入ってバイオエタノールの生産にも使われるようになりました。バイオエタノールはガソリンに混ぜて車の燃料にします。カーボンニュートラルな燃料として注目を集め、ガソリンに一定量を混ぜることがアメリカでは義務づけられています。

　アメリカでバイオエタノールに使われるトウモロコシは、全生産量の40％に達しており、人間の食料にもっと回すべきだという意見も出ています。

[アメリカのトウモロコシの利用状況]

出所:USDA, National Agricultural Statistics Service

アメリカではもともとトウモロコシは家畜のえさだった。

！未来に役立つ学び

日本に輸入されたトウモロコシのうち、食品用は7割までがコーンスターチに加工されてから、水飴などの糖化用、糊料、食品の原料などに使われます。残りはビールや蒸留酒の原料などになります。

No69 その他の農産物

カカオやコーヒーはどこでつくられる?

　私たちが日常的に親しんでいる嗜好品は、どこからきているのでしょう。ベルギー産のチョコレートは人気がありますが、原料のカカオはベルギーでは採れません。コーヒーも日本ではほとんど栽培されていません。

　カカオはカカオベルト、コーヒーはコーヒーベルトと呼ばれる赤道付近の一部の地域でのみ栽培されています。生産地は偏っていますが、**需要は世界中に広がっており、近年は途上国でも需要が高まっています**。ほかにも、バニラやサフランは高級食材として世界で取引されますが、生産地が比較的限られています。花のなかには香料用に栽培されるものもあり、フランスのラベンダーやブルガリアのバラが有名です。

　このような農産物は私たちの生活を豊かにしてくれますが、気候、植物の病気、地政学的リスク、各国での需要、投機的資金などの要因によって価格が大きく動きます。**産地が限られるものは、長期的な価格の上昇傾向が見られます**。

[カカオベルトとコーヒーベルト]

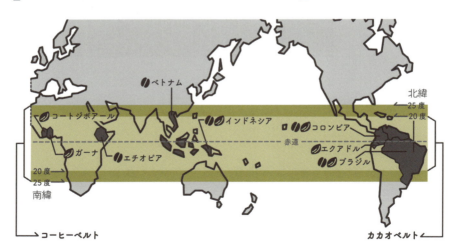

よみとき 赤道付近の地域に限られています。

コーヒーやカカオについては、人道的な問題も指摘されています。どちらも機械による収穫が難しく、人手が多く必要とされ、生産地が途上国に偏っていることから、児童労働や強制労働、劣悪な労働環境や不当な低賃金などが問題となってきました。

アブラヤシの実から採れるパームオイルは、沸点が低く揚げ油として使われますが、東南アジアでは熱帯雨林を伐採して栽培していることが問題視されています。

このような環境や人道問題に対応した製品を識別しやすくするために、さまざまな制度や認証マークがつくられています。

第6章 環境と資源の経済学

[カカオ、コーヒーの生産と貿易]

カカオやコーヒーにはレインフォレスト・アライアンスなどの認証プログラムがある。

カカオ豆

生産		
	コートジボワール	2,200
	ガーナ	822
	インドネシア	728
	ブラジル	302
	エクアドル	302

輸出:
- コートジボワール 1,681
- ガーナ 586
- ナイジェリア 345
- エクアドル 330
- カメルーン 251
- その他 994

輸入:
- オランダ 847
- マレーシア 479
- アメリカ 472
- ドイツ 447
- ベルギー 336
- その他 1,483

コーヒー豆

生産		
	ブラジル	2,994
	ベトナム	1,845
	インドネシア	765
	コロンビア	560
	エチオピア	456

輸出:
- ブラジル 2,283
- ベトナム 1,218
- コロンビア 688
- ホンジュラス 388
- インドネシア 380
- その他 2,853

輸入:
- アメリカ 1,470
- ドイツ 1,112
- イタリア 619
- 日本 402
- ベルギー 340
- その他 3,640

(単位:千トン、2021年)
出所:FAOSTAT

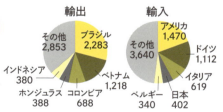

認証マークのある製品を選びたいね。

! 未来に役立つ学び

大手チョコレート会社ではカカオ農園を運営する例が出始めています。生産者との公正な取引フェアトレード、カカオ豆の買い付けから製造まで行うビーン・トゥ・バーの動きもありますが、非常に高価になるのがネックです。

No70 金属 I

日本は金属も輸入に依存している？

　金属には貴金属、鉄、非鉄金属、レアメタルなどがあり、活発に取引されています。**貴金属**は非常に高価な金属で、金、銀のほか、プラチナ、パラジウム、ルテニウム、ロジウム、オスミウム、イリジウムなどの白金族が含まれます。**鉄や非鉄金属**は貴金属より価格は低いものの、現代社会に欠かせない物質が多くあります。住宅やビルの建設、工業製品、電子機器の生産などに広く用いられています。
　レアメタルは文字通り「希少金属」で、30～40種類あります。ハイテク機器に欠かせないため注目されるようになりましたが、存在量が少ないうえ、採掘も難しく、安定的に確保できるかが、経済に大きな影響を及ぼします。
　国の経済を考える際、金属を国内生産せず、輸入に頼って大丈夫なのでしょうか。

[ロンドン金属取引所（LME）で取引される金属]

貴金属

金、銀、プラチナ、パラジウム

鉄

鉄、鉄スクラップ

世界最大規模の金属専門の先物取引所だよ。

非鉄金属

アルミニウム、銅、亜鉛、ニッケル、鉛、錫

レアメタル

コバルト、モリブデン

ということは、ここの取引価格が世界的な指標になるんだね。

よみとき 採算性の問題があるため輸入しています。

　金は砂金からも採れるように世界中で採掘できますが、採算が合う場所は限られています。アルミニウムなどのほかの多くの金属についても、採算の問題から日本は輸入に頼っています。

　鉄については日本はオーストラリア、ブラジルなどから鉄鉱石を輸入し、鉄鋼をつくって中国やタイなどに輸出しています。国内でも自動車や建築に使っています。

　貴金属やレアメタルはスマートフォンなどのハイテク機器、電気自動車のバッテリーなどに使われ、ますます重要性が増しています。

[代表的なレアメタルの用途と生産国]

リチウム
リチウム電池、
大容量蓄電池など

オーストラリア、チリ、中国

コバルト
リチウム電池、超硬合金、
航空エンジンなど

コンゴ、インドネシア、
オーストラリア

ニッケル
大容量蓄電池、燃料電池、
ステンレス鋼など

インドネシア、フィリピン、
ロシア

チタン
航空宇宙、地熱発電、
水素タンクなど

中国、モザンビーク、
オーストラリア

ガリウム
LED、
集積回路など

中国、ロシア、日本

産出国が偏っているため、日本は備蓄と代替品開発を進めている。

リチウム採取でウユニ塩湖が消滅の危機って聞いたことがあるよ。

！ 未来に役立つ学び

プラチナの生産量は金の20分の1ですが、金の20倍高いわけではなく、2010年代後半から金のほうが高くなっています。希少性だけで価格が決まるわけではないことを示す良い例です。

第6章 環境と資源の経済学

183

No.71 金属Ⅱ

電線が盗まれるほど銅は高価な金属？

　工業的に非常に幅広く使われている非鉄金属が銅です。熱と電気の伝導性が高く、加工がしやすく、堅牢な合金の生産に向いているため、電線、電化製品をはじめ、多数の製品に利用されています。このため、銅は景気を占う指標とされ、**ドクターカッパー**と呼ばれます。銅がたくさん買われるときは、電化製品など多くの製品が生産され、経済活動が活発だということです。実際に、**銅価格の変動率とGDP成長率には一定の関連性が認められます**。

　近年、国内外で電線の窃盗が増えており、よく狙われるのが太陽光発電所の銅線ケーブルだといいます。盗難の対象になるほど銅は高価なのでしょうか。

よみとき 資源価格の高騰によって銅の価格も上昇しました。

　世界経済の成長とともに銅の価格も上昇しています。イギリスの1ペンスと2ペンスのコインは銅でしたが、1992年以降は鉄に銅メッキの形態に変わりました。これも銅の価格高騰の影響です。

[銅鉱の産出と日本の銅鉱輸入先]

産出		
	チリ	583.2
	ペルー	243.7
	中国	159.1
	コンゴ民主共和国	122.6
	アメリカ	122.0

（含有量、単位：万トン、2018年）
出所：USGS Minerals Yearbook

輸入先
チリ 171.1
インドネシア 74.0
オーストラリア 69.2
ペルー 64.1
カナダ 39.9
その他 102.2

（単位：万トン、2022年）　出所：財務省貿易統計

チリは埋蔵量でもナンバーワンだよ。

第6章 環境と資源の経済学

　資源の高騰は、==レアアース==にも及びました。レアアースは、ネオジム、ジスプロシウム、テルビウム、イットリウムなど17種類の希土類元素の総称です。レアアースは添加することで金属の性能が変わり、磁石、レーザー、光ファイバーなどに多く用いられます。テレビ、スマートフォン、パソコン、次世代自動車などの小型軽量化、省エネ化、環境対策などに貢献しています。

　==レアアース全体で見ると、生産量の約7割を中国が占め、中国の政策しだいで国際価格が大きく変動する問題があります==。実際に、2010年には中国の輸出規制により"レアアースショック"が起き、以降、日本は中国への依存度を大きく減らしています。それでもコロナ禍でテルビウムの輸出価格が1kg 3,000ドルにまで高騰した時期もありました。レアアースの需要はますます拡大する見込みであり、欧米諸国も自国での鉱山開発、精製分離施設の建設などを進めています。

[レアアースのおもな用途と生産国]

おもな用途

磁石（電気自動車、ハイテク機器、発電、医療などに利用）
　ネオジム、ジスプロシウム、テルビウム、プラセオジムなど

液晶ガラス基板、HDD基板、光学ガラスなどの研磨剤
　セリウムなど

排気ガス浄化の触媒
　セリウム、ランタンなど

生産シェア

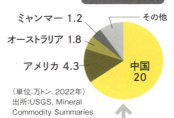

ミャンマー 1.2
オーストラリア 1.8
アメリカ 4.3
中国 20
その他

（単位：万トン、2022年）
出所：USGS, Mineral Commodity Summaries

中国が7割を占めている。

それでレアアース磁石とか希土類磁石とか呼ばれるんだね。

電気自動車の小型で高性能のモーターは、レアアースのおかげで実現できたんだ。

> **未来に役立つ学び**
>
> 廃棄された電子機器を都市鉱山と呼び、金属を取り出しリサイクルすることは、東京2020オリンピック・パラリンピック競技大会のメダルづくりでも注目されました。コストや有害物質の取り扱いなどが現在も課題です。

リボ払いに潜むワナ

　タッチ決済、スマホ決済などで毎日のようにクレジットカードを利用している人も多くなりました。現金のように減らないため、つい使いすぎてしまう傾向があり、注意が必要です。
　とくに、「リボ払いにしているから支払いに問題はない」と考えている人は危険。一括返済なら不要な手数料が、リボ払いでは必要になるためです。分割払い、キャッシングも同様で、借入金利にあたる手数料が10〜18％くらいかかります。
　仮に30万円を月々5,000円のリボ払いにした場合、金利が18％なら返しきるまで13年もかかり、返済総額は何と約77万円にもなります。利息は毎月発生し、月々の支払い額から利息を引いた分が元本から引かれていくため、なかなか借金が減らないのです。
　完済する前にリボ払いを重ねていくと、いつのまにか大変な額の借金をして支払う金利の額がふくらむことになりかねません。最近は、「定額払い」など違う名称も使われていて、注意が必要です。
　クレジットカードの支払い遅延にも気をつけましょう。「少しくらい遅れても返せば問題ない」と考えて繰り返していると、自身の信用度を落としてしまいます。その記録が残り、将来、車や住宅のローンを申し込んだときに却下されるおそれがあります。
　また、クレジットカードの返済のため、銀行や消費者金融などのカードローンを利用し、多重債務に陥るケースも珍しくありません。雪だるま式に借金がふくらみ、驚くような額になってしまいます。
　クレジットカードは便利ですが、借金であることに変わりありません。金利について正しく認識し、賢く管理しながら利用しましょう。

第 7 章

日本経済の歩み

第7章で学べること

第二次世界大戦後の日本は、都市部が焦土と化した混沌から不死鳥のように復興を遂げました。いかにして高度経済成長を果たし、世界2位の経済大国になったのか、バブル経済崩壊後、なぜ低迷が続くのか、その歩みを見ていきます。

戦後の復興から経済成長へ至った道程

日本は戦後、鉄鋼や石炭などに集中して資源を投入し、復興の歩みを加速させました。その後、重化学工業を主軸に発展し、国内市場が拡大。1956年ごろから未曾有の高成長によりアメリカに次ぐ経済大国になります。1970年代に入ると、ドルを基軸とする通貨体制の崩壊、二度のオイルショックがあり、高度成長期は終わりました。
➡No73〜75

55年から70年の年平均成長率は15.6%。日本人の暮らしが豊かになった。

世界が驚く成長を遂げたんだね。

貿易摩擦で日本たたきが起きていた

オイルショック後、日本では省エネ技術、先端技術の積極的導入が進み、家電、自動車、精密機械などの競争力が格段に向上。輸出の主力となり、世界的シェアを高めました。アメリカでは日本製品が市場を席捲し、対日貿易赤字がふくれ上がったことで、貿易摩擦が激化。日本メーカーが海外進出、現地生産を余儀なくされ、産業空洞化の一因となりました。
➡No76

アメリカは貿易と財政の双子の赤字で苦しんでいた。

ハンマーで日本製品を破壊したって……。

バブル経済は何だったのか

きっかけは1985年、アメリカが貿易赤字を減らすためになされたドル安に誘導する合意。急激な円高が進み、日本政府が金融緩和などを続けた結果、企業は金余り状態になって市場が過熱。土地や株が高騰しました。これは実体のないバブル経済で、引き締め策が始まると、あえなく崩壊したのです。　⇨No.77

日本企業はアメリカの大手企業の買収や美術品の高額落札で話題になった。

終電後にタクシーがつかまらないほど、夜の街がにぎわっていたってね。

「失われた30年」といわれる理由

バブルの崩壊で株価と不動産価格は下落。銀行は巨額の不良債権に苦しみ、破綻も起こりました。このとき公的資金の投入が遅れ、2000年代まで問題をひきずったことが長期低迷につながったと考えられています。世界的に技術革新が進んで第四次産業革命といわれるなかでも、日本は変革に遅れをとりました。　⇨No.78～80

就職氷河期って言葉も生まれた。

ハイテク分野での日本の地位は21世紀に入って落ちている。

これからの日本経済の展望

環境対策、デジタル化、食料やエネルギーの確保など重要課題が山積し、少子高齢化が進む日本。悲観的な見方もありますが、人口が減る社会ならではの持続可能な発展は可能です。日本は輸出で稼ぐ構造から、海外への投資で得た利益で経済を支える構造へ転換しました。　⇨No.81,82

若者が未来に希望をもてないと聞くけど。

新しい技術、新しい発想で、新しい社会を築くことは可能だよ。

No.72 戦後の日本経済の歩み

日本はいかにして経済発展したのか？

　日本経済は戦後、大きく成長しましたが、21世紀には停滞しています。その歩みを俯瞰するとどんな変遷があったのでしょう。

　日本が不死鳥のごとく復興し、**1970年代はじめまで驚異的な高度経済成長を遂げた**ことはよく知られています。空襲で焼け野原と化した国土で、ひどい食料難と大混乱に苦しんでいた人々が、家電製品のある豊かな暮らしをするようになりました。

　1970年代にオイルショックを経験した後、バブル景気に日本中が沸き上がりましたが、1990年にバブル経済は崩壊。以降、低成長、景気の横ばいが続き、最近では「失われた30年」という言い方も耳にします。

[実質GDPの増減率]

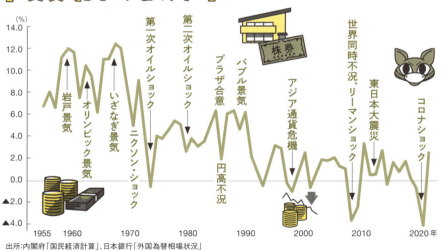

出所：内閣府「国民経済計算」、日本銀行「外国為替相場状況」

実質GDPと名目GDP
統計の数字をそのまま使うのが名目GDP、物価の影響を考慮して計算したのが実質GDP。名目GDPが500で物価が25％上昇している場合、実質GDPは400（500÷1.25）となる。物価が上昇すると実質GDPは小さくなる。

よみとき 世界2位の経済大国になった後、近年は低迷しています。

2024年2月、日経平均株価がバブル絶頂期の最高値を34年ぶりに更新し、3月には史上初の4万円台に到達。低迷からの脱却を期待する声が聞かれました。

一方では、2023年に日本のGDPはドイツに抜かれ、世界4位となりました。日本は40年以上もアメリカに次ぐ世界2位の経済大国でしたが、2010年に急成長した中国に取って代わられました。==1人当たりのGDPと平均賃金を見ると、バブル崩壊前の1990年にはG7で3位でしたが、2023年にはG7最下位となっています==。

20世紀には民間の消費や投資がGDPを伸ばしましたが、21世紀になり政府支出に頼るようになっています。民間の活力が失われたことが長期低迷の原因といえます。

[名目GDP（需要サイド）の成長率の要素分解]

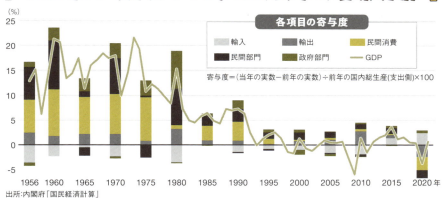

出所:内閣府「国民経済計算」

1990年代まで官・民ともに成長を牽引したが、21世紀に入り政府支出に頼るようになっている。

！未来に役立つ学び

過去30年でGDPがほとんど増えていない先進国は日本のみ。ほかの国は2〜3倍に成長しました。日本が強みを生かせる自動車、家電からソフトウェア、AIなどに競い合う分野が変わり、対応力の弱さが影響しています。

第7章 日本経済の歩み

191

No73 復興のための戦略

敗戦直後の日本経済はどんな状態だった？

　日本は第二次世界大戦前に世界有数の経済力がありましたが、無条件降伏を受け入れ、事実上、アメリカの占領下に置かれました。戦費総額は実質的に国家予算の74倍にも上ったといわれます。空襲により生産設備の多くが破壊されたことから、戦後は復興に向けての需要に供給がまるで追いつかず、物資の価格が高騰しました。
　インフレを阻むために行われたのが、預金封鎖と新円切り替えです。預貯金を強制徴収し、流通していた銀行券を無効にして、これも強制的に預入させ、預金とともに封鎖。限度内で新円による払い出しを認めるという非常措置でした。
　大凶作が追い打ちをかけ、仕事も家もなく飢えに苦しむ人が町にあふれました。配給だけでは物資が足りず、各地に闇市が生まれました。

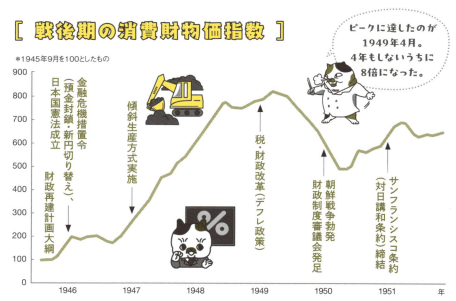

[戦後期の消費財物価指数]

出所：大蔵省・日本銀行『財政金融統計年報』1948年、大蔵財務協会『財政金融統計年報』第19号1951年物価特集、経済安定本部物価局『物価要覧』1952年7月

よみとき 傾斜生産方式により取捨選択、復興のスピードを高めました。

第7章 日本経済の歩み

復興のためにとられた国策が傾斜生産方式です。第1章で見たように、経済は完全競争市場の状態がもっとも効率が良いのですが、それは経済に十分な生産力がある場合の話です。日本の戦後復興では、国全体の生産力を底上げできる鉄鋼や石炭などの業界に集中的に資源を投入し、復興のスピードを高めました。

物資不足はしだいに解消されましたが、紙幣の発行高がふくらみ、引き起こされたのが激しいインフレです。1945～1949年で卸売物価ベースで約70倍。小売価格で見ると、1938年に2円80銭だったコメ10kgが、1950年には990円になりました。

インフレ対策のため、財政金融引き締め政策ドッジラインが実施されました。緊縮財政や当時としては円安すぎる1ドル＝360円での為替レートの固定により、インフレは収まったものの不況になりました。**経済の停滞を払拭したのが1950年の朝鮮戦争であり、戦争の外需によって日本経済は救われました**。

[傾斜生産方式]

輸入した重油を鉄鋼生産に集中的に投入。 → 増産された鋼材を炭鉱に集中投入。 → 石炭を鉄鋼業に投入。

これで石炭と鉄鋼、両方の増産を実現。企業は石炭や鋼材を入手しやすくなり、鉄道や住宅などの建設に使われた。

のちに食料や肥料なども対象に加えられたんだよ。

食べるものも行き渡るようになっていったんだね。

! 未来に役立つ学び

戦後、東ヨーロッパでハイパーインフレーションが発生しました。インフレ抑制を優先させる政策は正しいものの、不況を招く副作用があります。平和憲法を掲げる日本の急成長の要因が戦争特需とは皮肉な話ですが、輸出により経済成長を目指す戦略は東アジア諸国に採用されていきます。

No74 高度経済成長

驚異的な経済成長とはどんなものだった?

　日本経済は1956年ごろから1970年代はじめにかけて、目覚ましい成長を遂げました。この間に国際連合、OECD（経済協力開発機構）に加盟し、あらためて先進国の仲間入りを果たしています。GNP（国民総生産）が50兆円を突破した1968年には、西ドイツ（当時）を抜いて西側諸国でアメリカに次ぐ経済大国となりました。55年から70年の年平均成長率は15.6％。世界的に見ても未曾有の高成長でした。
　政府は「所得倍増」を掲げて高度成長をさらに進める政策をとり、実際に7年で1人当たりの国民所得が2倍に増えています。どうやって実現したのでしょう。

[1人当たりGDP（名目）の推移]

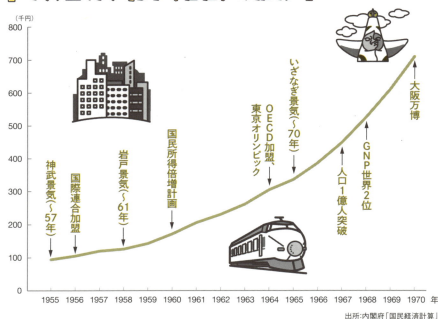

出所:内閣府「国民経済計算」

194

よみとき 重化学工業を主軸に発展、国内市場が拡大しました。

　1956年度の経済白書には「もはや戦後ではない」と書かれました。日本経済は特需依存から脱し、高度成長の軌道に乗りました。主軸は技術革新が続いた鉄鋼、造船など重化学工業の分野です。そして、固定相場制の1ドル＝360円という安い円のレートが有利に働き、輸出が増大していきました。

　ただし、<u>高度成長は外需依存ではなく国内市場の拡大によるもの</u>。財政投融資による設備投資促進が奏功し、民間投資が活発になって雇用が増え、所得水準が上昇していったのです。大幅減税もあり耐久消費財ブームが起き、暮らしは豊かになりました。

　さらに、<u>1964年の東京オリンピック、1970年の大阪万博などの巨大プロジェクトに合わせてインフラの近代化が進められ、内需創出に大きく貢献しました</u>。

[高度経済成長期に登場したもの]

「三種の神器」

洗濯機
たらいと洗濯板による重労働の洗濯からの解放。

白黒テレビ
テレビ放送開始。家庭の娯楽がラジオからテレビへ。

冷蔵庫
食材のまとめ買い、加工食品の保存が可能に。

東京オリンピック、大阪万博

東海道新幹線、東名高速道路など高速交通網の整備、ホテル建設ラッシュ、旅行ブーム。

電気炊飯器、掃除機なども普及。1970年代半ば以降の「新三種の神器」はマイカー、クーラー、カラーテレビ。

噴流式洗濯機が発売された1953年は「電化元年」と呼ばれている。

大量生産、大量消費の消費社会へ。消費は高級化、大型化していく。

!未来に役立つ学び

東海道新幹線は建設費用の一部を世界銀行の融資でまかないました。ほかにも1953～66年に発電所、高速道路の建設など31件で融資を受けています。先進国となり、途上国の開発に協力するのは当然の恩返しでしょう。

第7章 日本経済の歩み

No75 2つのショック

ニクソン・ショックとオイルショックとは？

　1970年代に入り、高度成長を続ける日本経済は2つのショックに襲われました。

　まず、1971年、アメリカのニクソン大統領が突如としてドルと金の交換停止を発表しました。当時は基軸通貨ドルと各国通貨のレートが固定され、ドルと金の交換比率が固定された体制であったため、世界に衝撃を与え、**ニクソン・ショック**と呼ばれるようになりました。各国は交換レートを改定しましたが長く続かず、1973年には主要国は現在の変動相場制へ移行しました。

　そして、第四次中東戦争のなか、OPEC（石油輸出国機構）が原油の供給制限に踏み切り、原油価格が1バレル＝3ドルから約12ドルまで4倍にも高騰した**オイルショック**が起こりました。1979年にもイラン革命などによる供給危機により原油価格が高騰し、第二次オイルショックが起きました。

[**この時期の物価上昇率**]

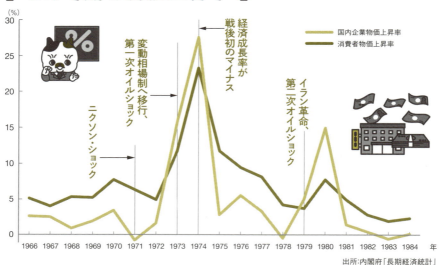

出所：内閣府「長期経済統計」

> **よみとき** 狂乱物価に社会が大混乱。
> 高度成長期は終わりました。

第7章 日本経済の歩み

　日本は輸入原油にエネルギーの8割弱を依存していたため、オイルショックの破壊力は尋常ではありませんでした。「石油不足で品不足になる」との恐れから買い占めやパニックが起き、高騰する物価は「狂乱物価」と形容されました。==先進各国は景気の悪化（スタグネーション）とインフレーションが同時に発生するスタグフレーションに苦しみました==（P103参照）。インフレ抑制のためには総需要抑制政策が必要でした。

　高度成長時代は資源が潤沢でしたが、オイルショックによりエネルギーは安く好きなだけ使えるわけではないと明らかになりました。日本はいち早く省エネを進め、燃費のいい自動車などの製品で競争力を高め、世界経済を牽引するようになりました。

[オイルショック下の実質GDP成長率]

出所：内閣府「長期経済統計」

！ 未来に役立つ学び

オイルショックを経験し、日本は安定成長期に入りました。環境対策が経済の競争力を高めた歴史的出来事で、日本は世界の牽引役となりました。現在も環境対策が重視される局面。新しい技術が世界のリーダーを決定づけます。

No76 輸出大国への躍進

日本はどうやって輸出大国になった？

　日本ではオイルショックを経て省エネ技術、先端技術の積極的導入が進み、家電、自動車、精密機械などの競争力が格段に高まりました。これらが輸出の主力となり、経常収支の黒字は拡大しました。

　対照的に、長らく黒字基調だったアメリカの経常収支は、70年代から赤字が発生するようになり、80年代半ばには記録的な赤字額となりました。アメリカ経済の根幹をなす自動車、半導体などの市場を日本製品が席捲したことから、日米貿易摩擦は熾烈を極め、日本は輸出抑制と非関税障壁などの改善を迫られることとなりました。

　日本は激しくたたかれるほど手強いライバルだったのでしょうか。

[日本の輸出額の推移]

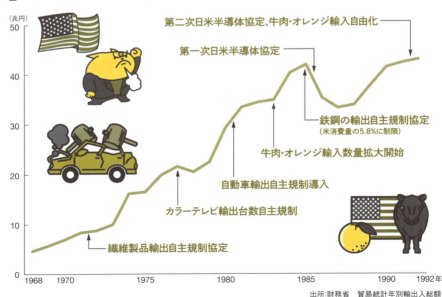

出所：財務省　貿易統計年別輸出入総額

日本製品は高く評価され、世界的シェアを高めました。

第7章 日本経済の歩み

　優れた日本製品は多くの国で支持され、世界市場でのシェアが高まり、存在感が増しました。輸出先としては、高度成長期から北米の割合が上昇しましたが、アメリカだけに集中していたわけではなく、70年代にはアジア向けの割合が増えました。
　アメリカは1981年に就任したレーガン大統領の経済政策により、財政赤字と貿易赤字からなる双子の赤字に苦しみました。日本との貿易で最大の赤字を記録しましたが、ほかの先進国、新興の工業国に対しても収支悪化は進んでいました。
　日米貿易摩擦は悪化し、日本メーカーは海外進出、現地生産を積極的に進める流れとなりました。これが国内の産業空洞化の一因となりました。

[日米貿易摩擦の背景]

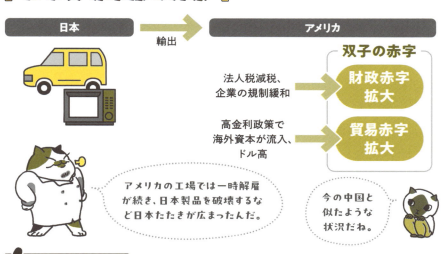

未来に役立つ学び

経済のグローバル化は、通信や輸送などの技術革新のほか、産業政策や通商政策の影響を受けます。第二次大戦前にはブロック経済化による世界経済の分断が生じ、20世紀後半はグローバル化が促進されました。2020年代に入り、再び世界経済の分断が生じつつあります。

No.77 バブル経済とバブルの崩壊

なぜバブル経済は発生し、崩壊した?

　1985年、アメリカ、日本、ドイツ、イギリス、フランスの5か国の代表が、ニューヨークのプラザホテルに集まり、ドル高是正を決定しました。輸入拡大で成長を続けていた日本経済は、この**プラザ合意**に冷や水を浴びせられることになります。**急速に円高が進んだため、公定歩合引き下げなどの金融緩和政策がとられ、今度は景気が過熱していきました**。土地や株が高騰し続け、1989年には日経平均株価が史上最高値の3万8915円を記録しました。

　ただし、これは日本経済の力が過大評価された**バブル経済**。1990年に地価暴騰を抑える土地関連の融資の総量規制が始まると景気は後退し、バブルは崩壊。株価は1年で半値になるほど大暴落し、地価も下がって資産価値が急速に失われました。

　なぜバブル経済が発生し、ほどなく崩壊することになったのでしょう。

[日経平均株価]

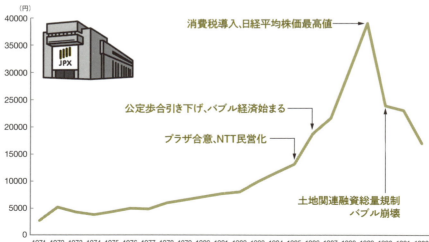

参考:日経平均プロフィル、金融庁

よみとき 低金利で企業が金余りになり投資で市場が過熱しました。

　前項で見たように、アメリカは双子の赤字に苦しんでいました。プラザ合意はドル安に誘導してアメリカ産業の競争力を高め、貿易赤字を減らすものでした。その結果、円高ドル安が進み、日本が円高不況に陥ってしまいました。
　そこで従来の輸出中心から内需拡大へと転換をはかることとなり、景気促進のため金融緩和などが進められました。企業も合理化を徹底して回復し、低金利が続いたことから今度は金余り状態になっていきます。だぶついた資金は不動産や株などに盛んに投資され、市場は過熱していきました。

[バブル経済への道のり]

プラザ合意でドル高是正

↓

急激に円高へ

↓

日本政府は公定歩合引き下げ

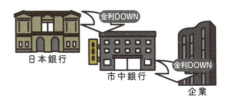

↓

金余り状態で市場が過熱。

\\ バブルがふくらんでいく！ //

第7章 日本経済の歩み

個人も財テクブームに沸き、派手に遊んでいました。

==バブル経済と呼ばれるのは、1987年から1989年の期間です。この間、株価や地価が急激に上昇しました==。1989年5月には、東京証券取引所一部上場企業の時価総額が初の500兆円を超え、ニューヨーク市場を引き離し、世界一となりました。

企業は金融機関から低金利で借り入れた潤沢な資金を、せっせと投資に注ぎ込みました。企業だけでなく、この時代の日本では個人も積極的に株式を買いました。その代表格が1985年に民営化したNTT株です。1987年に上場されると、わずか2か月で株価は2倍になり、株式や住宅に投資する財テクブームが到来しました。

日本企業はアメリカで有名企業を買収するなど、海外でも積極的に投資を行いました。美術品の高額落札なども世界で話題を集めました。

また、バブルの象徴といわれる大型ディスコ「ジュリアナ東京」をはじめ、人々は派手に遊びまわり繁華街は深夜まで混雑していました。

[バブル期の出来事]

企 業	個 人
アメリカで大型買収 ソニーがハリウッドの名門コロンビア映画、三菱地所がロックフェラーセンターを買収。	**財テクブーム　高級ブランド流行**

ディスコ大盛況

美術品購入

安田火災海上保険（現・損害保険ジャパン）がゴッホの「ひまわり」を落札。

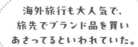

海外旅行も大人気で、旅先でブランド品を買いあさってるといわれていた。

第7章 日本経済の歩み

　バブル期には海外で「ジャパンマネーで世界を買いたたいている」といった見方も起こり、あちこちで摩擦が起こっていたこともたしかです。

　日本国内では国全体がバブルに浮かれた状態でしたが、**実体のないバブル経済は長くは続きません**。引き締め策が始まるとバブルはあえなく崩壊しました。

　それまでの日本には、土地には絶対的な価値があり、値下がりすることはないという土地神話がありました。決して損をすることはないと信じて不動産投資に励んでいた企業も個人も、地価の大幅な下落に直撃されました。株式投資も同様で、このときの財テクブームは短い間でしぼむこととなりました。

　1990年代には一転して、株価と住宅価格の下落が日本経済の問題となったのです。

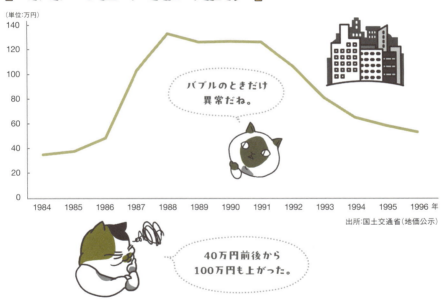

[東京23区の地価の推移]（1㎡当たり）

バブルのときだけ異常だね。

40万円前後から100万円も上がった。

出所：国土交通省（地価公示）

！ 未来に役立つ学び

欧米の先進諸国でも1980年代後半にバブルがふくらみ、1990年代にバブル崩壊を経験しました。バブル崩壊への対策の違いが、その後の経済の行方を決めます。株式や住宅のバブルは定期的にやってきます。その歴史を知ることが、自分の財産をバブルから守ることにつながります。

No78 1990年代の銀行危機

金融機関が破綻し、不況になったのはなぜ？

バブルの崩壊後、日本は平成大不況に突入します。企業の経営は悪化し、銀行からの借り入れの返済に苦しむようになりました。企業が資金を必要としても銀行は貸し渋り、景気は一向に上向きませんでした。

金融機関の経営も悪化し、住宅金融専門会社（住専）が破綻。さらには北海道拓殖銀行、山一証券なども破綻して日本は金融危機に見舞われました。公的資金による大手銀行の資本増強や破綻処理などが行われ、銀行は合併と業務提携を推し進めて大規模な金融再編が起こりました。

さまざまな策が講じられても日本経済にはなかなか明るい光が差しませんでした。

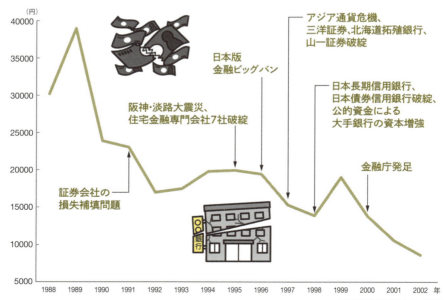

[日経平均株価]

参考：日経平均プロフィル、金融庁

よみとき バブル崩壊で不良債権が生じ、抜本処理が遅れたためです。

第7章 日本経済の歩み

バブル崩壊後、銀行の抱えた不良債権の規模は世界的にも最大級だったといわれます。住専の不良債権は6.5兆円に達し、6,850億円の公的資金が投入されたことで世間を騒がせました。政府が世論と銀行への反感を意識しすぎたせいで、以降の**公的資金投入になかなか踏み切れず、危機を長引かせてしまいました**。

世界的な金融自由化の流れを受け、政府は大規模な規制緩和策を実施しましたが、アジア通貨危機の影響で景気はさらに悪化。金融市場は混乱し、大手金融機関が破綻するにいたり、ようやく公的資金による大手銀行の資本増強や破綻処理などが行われることとなりました。2000年代に入っても不良債権問題は解決されずに残り、この抜本処理の遅れが経済の長期低迷につながったと考えられています。

[不良債権が生まれたしくみ]

不動産購入。「万一のときも売れば返済できる」。
不動産価格下落。担保価値1,800万円に。
「これ以上、返せない」。

不動産の価格下落が問題。

同時期にアメリカで起こった貯蓄貸付組合の破綻では、日本の10倍超の約1,200億ドルもの公的資金が使われた。

未来に役立つ学び

危機対策は「できるだけ速やかに、最大の力を使う」が原則。2008年のリーマンショックでは先進各国の中央銀行が無制限の融資をすぐに表明し、金融市場崩壊を防ぐことができました。この時代の経験が生かされたといえます。

No79 新しい産業の育成（2000年代）

インターネットの普及で新時代が到来した？

　インターネットが登場した1990年代には、Windows95が爆発的に売れるなどデジタル化への動きが広まりました。この時期、日本経済は新しい技術に対応するよりも過去のバブルの清算に力を注ぐこととなり、徐々に経済力を失い始めました。
　そして、ミレニアム（千年紀、2000年のこと）を迎え、時代は大きく変わりました。ブロードバンド回線、公衆無線LAN、携帯電話などが普及し、**いつでもインターネットに接続可能な環境整備が進んでいきました**。1997年には1割に届かなかったインターネットの普及率は、2009年には8割弱にまで伸びています。

[日本の1人当たりGDPランキング]

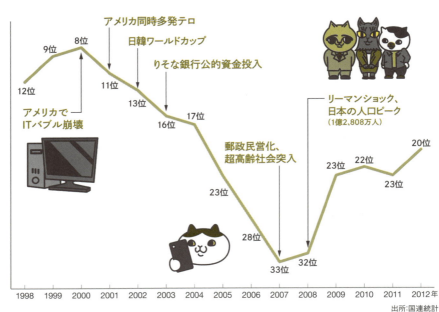

出所：国連統計

よみとき ICT投資が増えずソフトウェアは対米依存になりました。

　アメリカでは1990年代のクリントン政権下で情報ハイウェイ構想が打ち立てられ、インターネット時代を切り拓きました。マイクロソフトのWindowsが普及し、アマゾンやYahoo!が登場しました。**ソフトウェアなどのIT、通信、半導体などがアメリカ経済を牽引するようになっていきます。**

　一方、日本の新時代への歩みは順調にはいきませんでした。半導体メモリや液晶、家庭用ゲーム機など一部の製品には競争力がありましたが、ハイテク分野での日本の地位は21世紀に入って徐々に落ちていきました。

　先進国では製造業からサービス産業へのシフトが進み、第三次産業のなかでもサービス業の占める割合が高まっていきました。 生産性向上が重要課題でしたが、ICT（情報通信技術）投資はアメリカと比べようもなく少ないままでした。その結果、ソフトウェアなどの分野ではアメリカに依存するようになっていきます。

[第二次・第三次産業の就業者の比率]

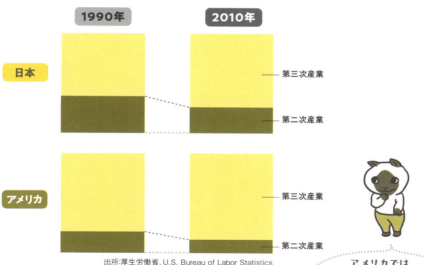

出所:厚生労働省、U.S. Bureau of Labor Statistics

アメリカは1990年から2010年にかけて第二次産業の就業者が大幅に減少！

アメリカではサービス業で働く人がどんどん増えているのが、はっきりわかる。

第7章　日本経済の歩み

新興国の存在感アップ、デジタル化が大きく進展。

2000年代には、世界経済にも大きな変化が生じました。==資源を保有する新興国の存在感が増し、BRICSと呼ばれる国々の動向により資源価格が左右されるようになりました。==

GPSやネットショッピングなどが普及したことで、現実世界のみだった生活スタイルにデジタルやバーチャルが入り込みました。その背景には物流の改革があります。

デジタル化によって、個人でも簡単に情報発信できるようになりました。ブログが普及したのも2000年代はじめです。マスメディアが発信する情報しか手に入らなかったそれまでの時代から、さまざまな情報が飛び交う多様性の時代に突入しました。

その一方で、フェイクニュースなどの問題も生じてきました。2000年代にはスマートフォンが登場し、SNSの利用も増えていきました。

[全世界の携帯電話加入数の推移]

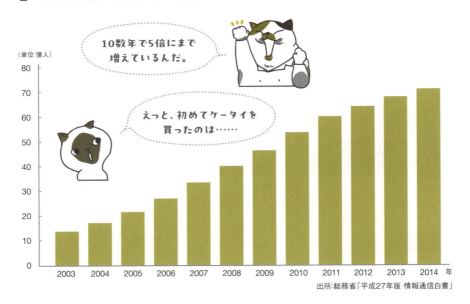

出所：総務省「平成27年版 情報通信白書」

BRICS
この時点では、ブラジル、ロシア、インド、中国、南アフリカの5か国による国際会議だったが、現在は、イラン、エジプト、アラブ首長国連邦、エチオピアを加えた9か国。

第7章 日本経済の歩み

　新しい製品が次々に登場し、世界の資源開発が進んだことで企業の収益力が上がり、**2002〜2008年には世界的に景気が拡大しました**。ただし、日本では物価、賃金、個人消費はほぼ変わらないままでした。これについては「実感なき景気回復」という形容も使われました。
　そうしたなかで襲いかかったのが**リーマンショック**です。背景には、アメリカで住宅バブルが起こるなか、**信用度の低い人向けのローン（サブプライムローン）**が急増していたことがあります。ほかの債券と混ぜ合わせて世界中で販売されていたため、アメリカの住宅バブルが崩壊すると世界に金融危機と不況が広がりました。グローバル化がいかに進んでいるかを物語る出来事でもありました。

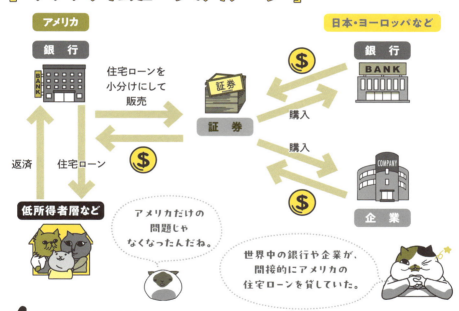

[サブプライムローンのイメージ]

未来に役立つ学び

ゲームだけでなく、さまざまな産業でハードウェアとソフトウェアの両方を活用します。2000年代はソフトウェアの重要性がハードウェアの重要性を上回った時代といえます。この時代は人間がソフトウェアを1からすべて開発していましたが、人間の役割が低くなる時代がいつか来るでしょう。

No80 世界から取り残された2010年代

東日本大震災からの復興を果たしたか？

　2011年3月11日、東北地方の太平洋沖でマグニチュード9.0の巨大地震が発生しました。この東日本大震災は広範囲にわたり甚大な被害をもたらし、道路、住宅などへの直接的な被害額だけでも16.9兆円に上ったといわれます。この年は日本企業も多く進出するタイでも豪雨があり、アジアの経済は停滞しました。

　日本政府は「東北の復興なくして日本の再生なし」と国民にアピール。民間投資の喚起を促しつつ、財政出動を増やして復興を進める戦略を取り、その後、マイナス金利も導入されました。さまざまな対策をとった効果はあったのでしょうか。

[賃金の推移] 常用労働者1人平均月間現金給与額年平均（規模5人以上事業所、現金給与総額）

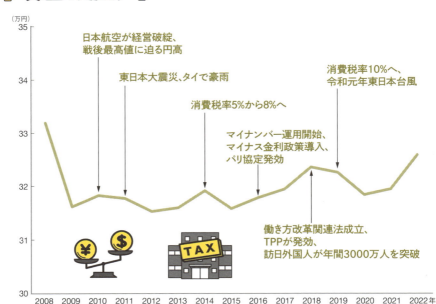

出所：厚生労働省「毎月勤労統計調査」

よみとき 復興に向かいましたが変革に遅れをとっています。

第7章 日本経済の歩み

内向きの政策が進む間に諸外国との差は広がりました。顕著なのが新技術での遅れで、革新的価値を生むイノベーションが求められるなか、企業は安全・安定志向をとりました。日本人の労働生産性改善や競争力強化よりも、外国人留学生、観光客、技能実習生など、**外国人の資金や労働力に頼る政策が目立つようにもなりました**。

2010年代は技術革新がより進み、クラウド、ビッグデータ処理、RPA（Robotic Process Automation／ロボットによる業務自動化）などが普及し、すべてのものがインターネットにつながるIoTという言葉も登場しました。第四次産業革命の時代の到来です。

[第四次産業革命とは]

参考：特許庁「IoT関連技術の審査基準等について」

第四次産業革命

IoT、AI、RPA

同一のプラットフォームに企画、生産、物流、販売、経営判断などが載り、有機的に結合。少品種大量生産から多品種少量生産が競争力を持つように。

第三次産業革命
ロボット、インターネット

第二次産業革命
電力、モーター

第一次産業革命
蒸気機関

プラットフォーマーが力を持ち、日本のサービス貿易の赤字は拡大した。

未来に役立つ学び

アメリカでは情報サービス業の研究開発がきわめて活発に行われています。日本はサービス分野の研究開発費の割合が低く、公的支援の規模も小さいのが特徴。AIや半導体への公的支援は2020年代に大きな問題になりました。

No81 2020年代以降の見通し

日本経済は再び大きく花開く？

　世界はコロナ禍に見舞われ、日米欧主要国の経済成長率は5％を超えるマイナス成長を記録しました。

　感染拡大防止のため人とモノの移動が封じられ、インバウンド需要は消失、中国のロックダウンにより国境を越えたサプライチェーンが途絶し、部材が入手できない日本企業の生産活動停止といった状況も起こりました。一方ではテレワークの広がりが多様な働き方を後押しし、新たなビジネス展開、開発に向けての動きも見られます。

　ウクライナ、中東の地政学リスクによるエネルギー価格高騰、異常気象による半導体不足やパナマ運河通航制限などさまざまな出来事が起きています。

[原油価格の推移] (WTI月次)

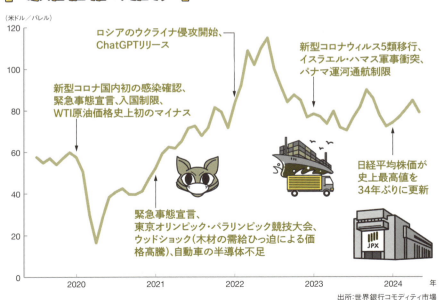

出所：世界銀行コモディティ市場

212

人口減少社会ならではの持続可能な発展は可能です。

ポストコロナの日本は、環境対策、デジタル化、資源やエネルギーの確保など重要課題に直面しています。達成すべき目標に向けて政府と企業の対策が進められ、半導体や蓄電池など重要物資の国内製造の強化なども行われています。

人口減少社会への対応も重要です。<mark>日本の人口は2050年代には1億人を下回ると見られ、先例のない超高齢化が進んでいます</mark>。社会保障費用の増大と財政赤字拡大、世代間の不公平感など、マイナス面が強調されがちですが、メリットがあることも確かです。世界的な食料、エネルギーの争奪戦が予想されるなか、<mark>自給率を高め持続可能な社会を実現することが鍵となります</mark>。

第7章 日本経済の歩み

[1人当たりGDPランキングと人口（2023年）]

順位	国	1人当たりGDP	人口
1位	ルクセンブルク	129,810ドル	65万人
2位	アイスランド	104,272ドル	38万人
3位	スイス	100,413ドル	880万人
4位	ノルウェー	87,739ドル	547万人
5位	シンガポール	84,734ドル	601万人
6位	アメリカ	81,632ドル	3億4,000万人
34位	日本	33,806ドル	1億2,329万人
74位	中国	12,514ドル	14億2,567万人

出所:IMF、国連

1人当たりGDPのランキングは、GDPのランキングと大きく違っている。

アメリカだけはどちらも上位にいるね。

未来に役立つ学び

何より大切なのは発想の転換。一人一人が尊重され、互いに理解し、生活しやすい社会、持続可能な経済をどう実現し、世界の安定に貢献していくかが重要です。歴史と新しい技術の融合に日本人の美意識を生かし、新しい社会のあり方を世界に発信することで日本の存在感を高められます。

No82 日本はいまでも貿易立国か

貿易赤字になっても貿易立国といえるか？

　日本の貿易は、時代とともに変わっています。終戦後の輸出品として有名だったのは、1ドルブラウスと呼ばれた安価なブラウスです。その後、鉄鋼、自動車、家電製品、半導体、産業ロボットなど、日本はさまざまな製品を輸出し、貿易立国として世界で存在感を示してきました。2010年まで30年にわたり貿易黒字が続きました。

　2011年の東日本大震災により、原子力発電代替のために天然ガスなどのエネルギーの輸入が増えて貿易赤字になる年も出てきました。日本はもはや貿易立国ではなくなったのでしょうか。

よみとき 貿易黒字から第一次所得収支黒字へ構造が転換しました。

　国外との経済取引を記録した経常収支のうち、2000年代前半まで黒字を支えたのは貿易収支でした。2000年代後半から代わって経常収支黒字を支えるようになったのが、第一次所得収支（P111参照）です。

　日本の第一次所得収支は、外国からの金利・配当収入が大部分を占めます。アメリカ国債などへの投資から収入を得ているのです。日本は国内で生産した日本製品を輸出して稼ぐ構造から、海外への投資から得た利益を日本に還元して経済を支える構造へと転換したといえます。

　経済発展論では、輸出によって成長した国はやがて成熟し、貿易収支の黒字が第一次所得収支の黒字に入れ替わるとされています。つまり、日本は成熟した経済国になったということです。

第7章 日本経済の歩み

　戦後の日本経済の歴史を振り返ると、20世紀には輸出を増やしながら経済成長し、21世紀には外国にお金を貸して利子で稼ぐ国へと転換したことがわかります。今後は、高齢化が進むにつれて外国に貸したお金を取り崩していくことが予想され、第一次所得収支は緩やかな低下に転じるでしょう。

　新興国のなかには輸出中心の中所得国から金融で稼ぐ高所得国への転換に苦しむ国もあり、中所得国の罠と呼ばれています。**短期間で高所得国になった日本は特別な国**だといえます。

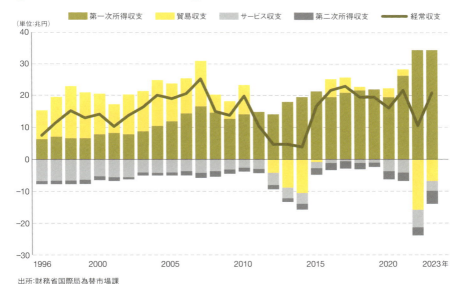

[経常収支の推移] ※速報値

出所:財務省国際局為替市場課

敗戦から70年で
ここまで発展したのは
奇跡だね。

新興国・途上国の人々は
日本経済を熱心に研究して
参考にしているよ。

！未来に役立つ学び

　ここまで日本の経済の歴史を見てきました。「今回は過去とは違う」と考えがちですが、歴史を学ぶと同じようなことを繰り返していることがわかります。歴史を学ぶことは、未来を学ぶことなのです。

No83 先進国と発展途上国

国同士、各国内の経済格差は縮まる?

　先進国と発展途上国の明確な定義はありませんが、一般的にOECD（経済協力開発機構）加盟国は先進国と見なされます。それ以外の国でも成長が著しい国は新興国といわれ、BRICSなどG20参加国にその顔触れを見ることができます。
　経済格差は大変重要な問題であり、「各国内及び各国間の不平等の是正」はSDGsの目標のひとつです。国同士の不平等を1人当たり国民所得で見ると、トップの国と最下位の国とは800倍超の差があります。
　一方、国内の格差拡大は不満を増大させ、さまざまな問題を引き起こしています。従来は発展の過程で格差が開いても豊かになれば縮小するという**クズネッツの理論**が信じられていましたが、現実には不平等が増すばかりです。

[国の所得格差]

1人当たり国民所得

世界1位	最下位
モナコ	ブルンジ
22万8,576ドル	271ドル

800倍超の開き！

出所:国連(2022年)

[国内の所得格差]

クズネッツの逆U字曲線

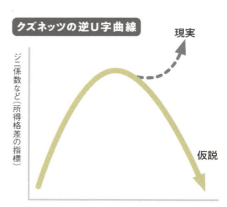

実際には格差が拡がる一方！

よみとき 新興国で中間層が台頭。富裕層との格差は拡大。

経済学者ミラノヴィッチは工業化への移行過程で不平等が進むものの、やがて縮小すると唱えました。グローバル化が進む1988〜2008年の所得の伸び率を所得階層別に見たグラフの**エレファントカーブ**が注目を集めています。

20年間で全体の2割にあたる新興国の中間層の所得が大きく増え、先進国と新興国の所得が近づいて不平等が改善されたことがわかります。ただし、先進国の中間層は所得が減り、所得が飛躍的に増えた富裕層との格差は拡大する一方です。富裕層が海外投資で潤い、新興国の中間層が労働力を提供して工業製品を安く大量生産、輸出するグローバルなバリューチェーンの構築が見て取れます。

[世界の所得分位別1988〜2008年の所得増加率]

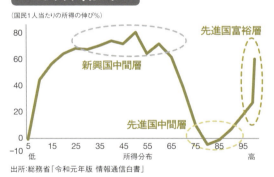

巨大なテック企業の創業者や金融業界の高額報酬が、象の鼻をつくっているといわれているよ。

横軸は世界120か国、600の家計調査にもとづく所得階層。0が最貧困層、100が超富裕層。縦軸は各層の所得の増加率。

出所:総務省「令和元年版 情報通信白書」

新興国が先進国の労働者の職を奪ったという見方が、先進国でのデモにつながっている。

! 未来に役立つ学び

国内の格差是正策としてベーシックインカムという手法があります。すべての人に無条件で定額を給付するもので、フィンランドで2年間、2000人の失業者に実験が行われました。効果については議論が続いています。

No84 平均所得は本当に平均か

統計の平均値は比較の目安になるか？

　自身の経済力を客観的に考える際、目安になるのが平均年収です。「国民生活基礎調査」によると、2021年の日本の1世帯あたり平均所得金額は545万7,000円で前年よりマイナス3％。高齢者世帯では318万3,000円、高齢者世帯以外の世帯では665万円、児童のいる世帯では785万円でした。

　貯蓄額については「家計調査報告」によると、2人以上の世帯の1世帯当たりの2022年の平均は1,901万円。4年連続で増え、2002年以降で最多となっています。

[1世帯当たり平均所得金額の推移]

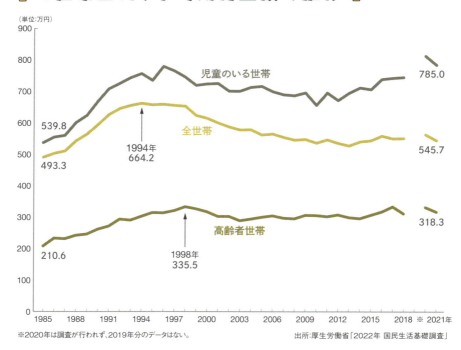

※2020年は調査が行われず、2019年分のデータはない。

出所：厚生労働省「2022年 国民生活基礎調査」

よみとき 極端な数値の影響を受けにくい中央値をチェックしましょう。

平均値はすべての数値を合計し、全体の数で割って算出します。大富豪や大手企業の役員などの存在により、平均値が大きく引き上げられがちです。これに対して、実態に近い目安となるのが中央値です。最小から最高まで並べて中央にくる値です。

下のグラフでわかるように、平均所得金額は545万7,000円ですが、中央値は423万円。6割以上の世帯は平均所得以下です。

ちなみに、貯蓄についても、平均値1,901万円に対して中央値は1,168万円です。平均値を下回る世帯が約3分の2までを占めています。

[所得金額階級別世帯数の相対度数分布]

出所:厚生労働省「2022年 国民生活基礎調査」

この統計は「世帯」年収だから、個人の年収ではないことにも注意!

平均所得クラスの世帯は全体の8.4%だけ。平均所得金額以下が6割以上。

! 未来に役立つ学び

平均は多くの人の数字から計算したものであり、平均値にぴったり当てはまる人は少ないことを知っておきましょう。「平均に届かなければならない」と自分を縛らず、他人と比べることをやめると心が穏やかになります。

第7章 日本経済の歩み

この世に「おいしい話」はない

　「簡単にお金を増やせる」「今なら確実に儲かる投資の話がある」といった誘い文句には警戒しましょう。この世に「おいしい話」は存在しません。投資のリスクとリターンは比例するので、大きなリターンが得られるのにリスクがないということはありえないのです。

　投資詐欺に多いのが、「ポンジスキーム」。集めたお金を運用せず、だまし取る手口です。元本保証だからと巧みにウソをついてお金を出させ、はじめのうちは配当金を出して信用させ、さらに投資するよう促します。友人知人にも教えてあげるよう勧められ、紹介すると紹介料が得られる場合も多くあります。そうやってまとまった金額が集まったところで、配当はストップ。連絡がつかなくなり、実は詐欺で、お金を持ち逃げされたことに気づくというパターンです。

　製品を買わせる、オーナーになるなど、詐欺だとわかりにくい形態もあります。有名人が気づかないまま広告塔にされていたケースも少なからずあります。

　なかには、「資金がないならキャッシングすればいい、儲かるから大丈夫」と借金を負わせる詐欺師もいます。多額の借金を返せず、多重債務に陥り、犯罪に手を染めるケースも目立っています。

　架空の投資話と同じように、簡単に高額を稼げるおいしいバイトもありません。「闇バイト」では、免許証や家族構成などを登録させることが多くあります。途中で不信感をもたれ、ためらった場合に、「家に行く」「家族に何かあってもいいのか」などと脅すためです。何かおかしいと思ったときは、警察に相談するのが正解です。

第8章

経済学と経済の新潮流

第8章で学べること

世の中が移り変わり、経済にも経済学にも新しい流れが見られます。前世紀までには想像もつかなかったことが可能になり、新しい発見、新しい理論の社会実装なども進んでいます。

経済学に新しいジャンルが誕生

経済学に心理学を融合させた行動経済学の理論は、ビジネスの世界でも広く活用されています。ほかにも、実験を行って経済理論を検証する実験経済学、脳の画像診断を行う神経経済学など、さまざまな研究が進んでいます。　　　　　　　　　⇨No85〜87

実験経済学

神経経済学

MRIや脳波計などを使って脳が刺激に対してどう働くか調べるんだ。

お医者さんみたいだね。

マッチング理論とは

近年の経済学では、適切な取引相手を探し、組み合わせるという分野の研究が盛んに行われています。マッチング理論は、就職活動、入学試験、さらには婚活、保活など現実社会で幅広く役立ちます。
　　　　　　　　　　　　　　　　　　　　⇨No88

マッチングと聞くと、マッチングアプリを連想する。

実際にマッチング理論が使われているアプリもある。

お金の形は変わっていく

ビットコインに代表される暗号資産は、代金の支払い、海外への送金のほか、保険、金融サービスなど幅広い分野で活用されています。中央銀行が発行する電子形態のデジタル通貨を導入している国もあります。
⇨No90,91

ビッグデータの活用で便利に

近年では、蓄積された膨大なデータがビジネスの世界にとどまらず、経済学の研究でも活用されています。さらに、行政全般、公的医療制度などをデジタル化する国もあります。業務の効率化、手続きの簡便化などが期待されます。
⇨No92

新幹線で荷物を運ぶ時代に

荷物の輸送は早く到着するトラックが主流ですが、国は複数の交通手段を組み合わせる交通のマルチモーダル化を進めています。自動車依存が引き起こした交通渋滞、環境問題などの解決につながると期待されています。
⇨No93

223

No85 **行動経済学**

経済学の世界にも新しい発見がある?

　伝統的な経済学は人々が合理的であることを前提としていますが(P16参照)、人間の行動や社会現象にはそれではうまく説明できないところがありました。人間は気まぐれだったり、現状維持を望んだり、パニックを起こしたりと感情や感覚に影響され、非合理的な意思決定をすることがあります。

　そこで心理学者カーネマンとトヴェルスキーらは経済学に心理学の手法を取り入れ、行動経済学という新たな領域を切り拓きました。人間には非合理的な特徴があると想定したうえで、どのように行動するかを観察、分析し、一定の法則性を見出したのです。そうして打ち立てられたのが**プロスペクト理論**です。

[カーネマンの行動経済学]

従来の経済学の人間
ホモ・エコノミクス(経済人)。
己の利益の極大化のため
合理的に判断、行動。冷徹で利己的。

行動経済学の人間
先入観や習慣を重視、過剰な自信、
パニックを起こすなど必ずしも
合理的ではない。

心理学を取り入れ、
これまで説明できなかった
人間の行動、社会現象などを明らかにした。
カーネマンは2002年に
ノーベル経済学賞を受賞している。

224

よみとき 経済学に心理学を融合させた行動経済学が注目されています。

第8章 経済学と経済の新潮流

プロスペクト理論では、たとえば宝くじを買う行動は主観確率の可能性の効果と説明されます。天文学的に低い確率でも「もしかしたら」と期待するため、主観的な当選確率が大きくなり、つい買ってしまうということです。一方、人間が損を避けようとする過失回避性では、損をした悲しさは同じものを得た喜びより2.25倍も大きいと推定され、わずかな得でも早く確定させようとする行動が見られます。

また、説明の仕方によってその後の行動が変わる **フレーミング** も新しい知見です。同じ内容であっても、表現によって受け止め方が変わるのです。

[実例に見るプロスペクト理論]

主観確率

[宝くじの購入]

A もしも番号が「11組111111」なら
→当たらないと考える。

B 番号が「14組726559」なら
→当たりそうだと思う。

実際の確率は同じでも、
主観が入ると違って見える。

フレーミング

[手術の説明]

A 「成功して退院できる
確率は98%」

B 「失敗して死亡する
確率は2%」

同じ内容でも、Bの説明では
手術を拒む人が増える。

「死亡」という言葉のせいで、2%の失敗の確率が20%もあるかのように感じられるんだ。

死ぬ可能性があると言われたら、考え込んでしまうね。

未来に役立つ学び

行動経済学によってギャンブルや多重債務などの社会問題を説明できるようになり、マーケティングや投資などに広く活用されています。日常生活にも活用でき、その一例がメンタルアカウントです。自分のお金を旅行用、老後の資金用などと別々に管理することで無駄遣いを減らすことができます。

No86 合理的でない私たちの考え方

人の意思決定の過程は合理的とは限らない？

　行動経済学の理論として**ヒューリスティック**があります。意思決定をする際、すべてを完璧に分析するのではなく、**簡略化して判断するメカニズムです**。より簡単な問題に置き換えて考えることで、もとの問題への答えが出せることも多くあります。

　課題についてすべての情報を入手し、ひとつひとつ分析することが現実的でない状況は広く見られます。たとえば店頭でサプリを選ぶ際、すべての商品の成分、効能を比較検討するのは大変です。「前にも飲んだ」「CMで見た」と選ぶことは、ヒューリスティックの再認といわれる手法です。素早く選択でき、脳の負担を軽くする働きもあります。ただし、簡略化すると歪みが生じやすい傾向があります。結論を修正し、時間をかけ分析することが重要な課題があることは知っておきましょう。

[ヒューリスティックとは]

| 複雑で難しい状況に直面。 | | 単純化して対応。直観的に試行錯誤。 | | 素早く効率よく意思決定が行われる。 |

発見的解決法、常識的方法とも呼ばれるんだ。

間違った答えを選んでしまうこともありそうだね。

よみとき 自分の経験を過大評価して誤った判断をすることがあります。

第8章 経済学と経済の新潮流

おもなヒューリスティックとして、**典型的な事例や経験にあてはめて判断する代表性があります**。代表性の例として、ルーレットで5回連続で黒が出たときに「次は赤に違いない」と考えるギャンブラーの誤りがあります。ルーレットは（緑を除くと）、それまでの結果にかかわらず、黒が出る可能性は赤が出る可能性と同じく50％です。

代表性によって誤った判断をしやすいことを示す有名な例に、**「リンダ問題」**があります。プロフィールの内容から人間像を決めつけてしまい、そのイメージに合う答えを選んで間違えるという問題です。

ほかにも、「以前、手を焼いた部下に似ている」と思った相手に対し、関係がないのに評価が下がってしまうといった例があげられます。

[代表性のリンダ問題]

リンダ　プロフィール
学生時代、環境改善デモに多く参加。卒業論文のテーマは再生可能エネルギー普及策。

問　現在のリンダはどちらに当てはまるでしょうか？

1 リンダは機械メーカーで働いている。

2 リンダは機械メーカーの太陽光発電部門で働いている。

論理的に確率を考えると、1より2の確率は小さい。

機械メーカー
PC部門　家電部門
太陽光発電部門

「環境保護運動、再エネ研究の人なら太陽光発電部門」と思い込んで、確率を過大評価してしまうんだ。

思い込みってこわい。

答えは1

227

安易に決めつけず
確証バイアスにも注意。

　ヒューリスティックには、利用可能性もあります。これは自分が思い出しやすい記憶、印象を判断の手がかりとする手法です。第一印象で物事を決めてしまうのも、手に入りやすい情報だけを使ったやり方です。

　考えてみると、日々の暮らしのなかで繰り返し行っていることがわかるでしょう。自分自身の先入観や思い込み、仮説などに合う情報のみを集め、反証となるデータを無視する心理作用を**確証バイアス**といいます。年齢、性別、出身、国籍などで個人の能力、性質などを決めつけるステレオタイプは、その代表例です。落ち着いて冷静に思考することも大切です。

　ヒューリスティックがあることを知っていれば、日常で活用することもできます。第一印象や肩書は、その後の交渉を有利に進める戦略に使えます。

[利用可能性の例]

30歳代で起業する割合

友人、知人、報道で実例を多く知っている。　　　思い出せる実例が少ない。

「よくあること」と結論。　　　　　「あまりない」と判断。

自分の体験や見聞で起こると思う確率と事実は異なる。

統計を参考にすること、論理的思考に努めることが大切だね。

うわ、これ毎日やってそう……。

==第8章 経済学と経済の新潮流==

==アンカリング==は参照値にもとづいて判断することです。ショッピング番組では、はじめに高い価格が提示されます。その後に割引価格を提示すると、見ている人は「安い！」と感じます。おまけをつけると、さらにお得な感じがしてしまいます。たとえおまけつきの割引後の価格が、一般的な相場だとしてもです。私たちの思考は、はじめに見た数字に引っ張られてしまいます。

企業は心理学を巧みに利用して売ろうとします。==「あなただけの」お得な情報には注意が必要です==。期間限定やタイムセールも要注意です。

[アンカリングの例]

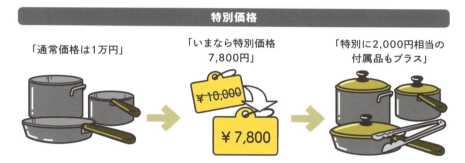

特別価格

「通常価格は1万円」 → 「いまなら特別価格 7,800円」 → 「特別に2,000円相当の付属品もプラス」

1万円が参照値となる。

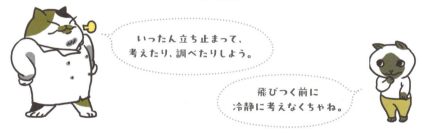

いったん立ち止まって、考えたり、調べたりしよう。

飛びつく前に冷静に考えなくちゃね。

! 未来に役立つ学び

文章を書いたあと、読み直してミスがないと思っていても、いざほかの人に添削してもらうと、誤字が見つかることがあります。人は文字をひと固まりで判断して意味を読み取っているため、誤字があっても見逃してしまうのです。これもヒューリスティックのひとつです。

No87 実験経済学、神経経済学

経済学の分野でも実験や検査を行う?

　ミクロ経済学やマクロ経済学の問題点は、実験によって正しさが確かめられないことにあります。しかし、近年は新しいアプローチが登場しています。
　実験経済学は文字通り、実験によって経済活動のデータをとり、検証を行う学問です。社会全体での実験はできませんが、小さなグループや個人を対象にさまざまな実験が行われ、経済学全体のなかでも比重を高めつつあります。
　神経経済学は神経科学と経済学を融合させた学際的な学問です。経済活動をする際の脳の活動を検証します。これらはどのように理解したらいいでしょう。

[コラボが進む経済学の研究]

実験経済学
実験を行い経済理論を検証。
心理学、神経科学、認知科学とのコラボも。

神経経済学
経済学+神経科学。
2000年初頭、アメリカ発祥。

実験経済学の分野でも
何人ものノーベル経済学賞受賞者が
出ている。

実験したり、
脳を調べたり、
おもしろいね!

よみとき 実験による経済理論の検証、脳の画像診断を行います。

第8章 経済学と経済の新潮流

　実験経済学では、経済理論のモデルとなる仮想の環境を実験室につくり、被験者を集めて理論どおりにいくかを検証します。ゲーム理論、企業カルテル、オークションなどの実証実験は、**大学の授業でも広く取り入れられています**。有効な契約やルールを見出そうとしており、将来、経済理論が書き換えられるかもしれません。

　神経経済学では機能的MRIや脳波計、脳磁計などを用い、刺激に対して脳がどのように働くのか、意思決定のメカニズムを調べます。脳の血流、血液量、酸素化、また電磁界の変化などから脳のどの部位が活動しているかがわかります。多重債務に陥る心理、ギャンブル依存などの理解、政策立案への活用が期待されています。

[神経経済学の検証例]

長期的に安定した利益か、高リスクの目の前の利益、どちらを選ぶか？

前頭前野
こちらの活動が優勢
→理性的な判断により将来まで待つ。

大脳辺縁系
こちらの活動が優勢
→感情的に目の前の利益を求める。

脳内では
| 大脳辺縁系　情動をつかさどる |
| 前頭前野　理性をつかさどる |
競合している。

今を重視するか将来を重視するかを時間選好率という。

個性も理論に組み込まれるのかなあ。

! 未来に役立つ学び

投資家、市場参加者の意思決定プロセスを神経科学から解明しようとする分野としてニューロファイナンス（神経金融学）があります。金融市場の動向や投資のタイミングなどが予測可能になるか注目されています。

No88 マッチング理論

経済学で研究される組み合わせとは?

　人は生きているなかで自身に合うものを探しますが、希望通りにいかないことが多くあります。学校になじめない、就職先に落胆したといったケースです。学校や企業も同様に望む人材ではなかったと考えることがあります。
　近年の経済学では、サーチ、マッチングといって適切な取引相手を探し、組み合わせるという領域の研究が盛んに行われています。どのような研究でしょうか。

[サーチ理論を労働市場に適用]

企業
「できるだけ生産性の高い人を安く雇いたい」
「生産性の下がった人は賃金を低くするか解雇したい」

雇用者
「自分の生産性に見合う賃金が
もらえないなら辞めたい」
→技術や仕事ぶりなど生産性により
労働市場の情勢が決まる。

POINT
- 社会的に望ましい賃金水準、失業率が存在する。
- 失業率は低ければ低いほどいいわけではない。
- 企業が採用者を見つけるのは難しい。景気が悪くなっても簡単に解雇せず雇用を維持し続ける戦略が有効。
- 失業保険の給付額が増えると仕事を辞める人が増える。

辞める人がいなくて失業率が低すぎると、新しい企業の人員確保が難しくなる。

給料や失業はバランスが重要なんだね。

よみとき 就活に入試、婚活、保活など多様なマッチングに役立ちます。

第8章 経済学と経済の新潮流

マッチング理論はさまざまな希望を持つ人々の最適な組み合わせを考え、効率よく資源を配分する研究から生まれました。互いがどんな選択をすれば安定したマッチングになるか、そのメカニズムを解明するものです。

就職市場では、特定の企業に学生が集まることがあります。このようなミスマッチが起きる原因は、相手の希望がはっきりとわからない「情報の非対称性（P66参照）」にあります。「リーダーシップを求めている」といったあいまいな情報発信では、「自分にも資格がある」と考える学生が殺到し、採用にコストがかかってしまいます。

マッチングのモデルは数学的につくることができ、入学希望者と学校、入園希望者と保育園、婚活、企業内人事など多くの分野で活用されています。

[マッチング理論で就職活動を読み解く]

有名な大企業
たくさんの学生が応募。

知名度の低い優良企業
学生が応募しない。

「何が食べたい」「何でもいいよ」ではお店が決まらないのと同じ原理だ。

企業が採用条件を明確にすれば、該当しない学生は応募しない。
→採用プロセスのコストダウン。

❗ 未来に役立つ学び

面接免除権付のインターンシップ、「あなたにとってやりがいとは」などの作文、度重なる面接など、大学生の就職活動は複雑化しています。最大の理由は、企業が求める人物像を明確に定義して公表していないこと。情報の非対称性をなくせば、企業と学生はうまくマッチして無駄な労力を省けます。

No89 オークション理論

なぜオークションを研究するのか？

近年はネットオークションの利用者が増え、オークションが身近な存在となりました。一般的に、**もっとも高い値をつけた人が落札する競り上げ式**がとられます。

オークションにはほかに、**時間とともに提示される価格が下がっていく競り下げ式**という方式もあります。買い手があらわれた価格で売買が成立し、競り上げ式よりも早く決着します。

公共事業の入札など、ライバルが提示した価格がわからないオークションもあります。これを封印入札といいますが、どのようなルールを設定すれば望ましい結果になるでしょうか。

[さまざまなオークションの方式]

競り上げ式
イギリス式。美術品やアンティーク、有名人の私物などを販売する際に使用。

競り下げ式
オランダ式。生花の卸売市場、中古車市場などで使用。

1位価格方式
落札者価格　最高額で入札した人落札者の入札額

2位価格方式
落札者価格　最高額で入札した人2番目に高い入札額

> 1位価格方式では、勝つために予算より高く入札する必要があるが、2位価格方式では自分の予算を正直に入札すればよいことが証明されている。

よみとき より望ましい価格での売買を可能にします。

　1位価格方式と**2位価格方式**（左図参照）では、落札額は変わらないという収益同値定理があります。オークション理論の代表的な定理です。

　油田採掘権の獲得、企業買収、スポーツ選手の契約金などでは、ライバルに勝つために本来の価値よりも高い価格を提示するケースが見られます。これを「勝者の呪い」といいます。2位価格方式を導入すれば、無駄な出費を抑えることができます。

　研究が進み、周波数や排出権、電力、公共工事の入札、割り当てなど社会の幅広い分野でオークションが利用されるようになりました。国債市場や金融政策の公開市場操作など金融分野では、さらに異なる多様な方式が研究され、導入されています。

［ 勝者の呪いとは ］

状況
誰にとっても同じ価値がある共通価値のオークション。

2位価格方式をとれば、9000億円など1兆円に近い金額で落札される。売り手は十分な収入を確保でき、買い手も損失がない。

例▶ 油田採掘権。
1兆円分の原油が採れる見通し。

勝つために3兆円で落札。
2兆円の損失が出る。

勝者の呪い

未来に役立つ学び

　2位価格方式は、インターネットの広告枠の買い取りに広く使われていますが、近年は1位価格方式への回帰の動きも見られます。ルールが周知されると抜け道を探す参加者が出るためです。今後もオークション理論の研究が続けられ、新しい方式が提案されるでしょう。

第8章　経済学と経済の新潮流

No.90 ビットコインはお金といえるか

暗号資産はどう使われている？

　2009年に登場したビットコインは、さまざまな場面で使われるようになりました。ビットコインに続けとばかりに、イーサリアムなど多くの暗号資産が登場し、今では数万種類が取引されています。お金として使われる場面があることはわかってきましたが、それだけなのでしょうか。

よみとき 保険、金融サービスなど多分野で活用されています。

　暗号資産の利用は多岐にわたります。**まずはお金としての役割です。**
　アフリカ北部のナイジェリア（P151参照）では、政府が規制したにもかかわらずビットコインが日常的に利用されています。国境を越えての支払いが簡単なため、留学した子どもへの送金などにも使われています。**アメリカでは暗号資産での授業料支払いを受けつけている大学もあります。**

[暗号資産の活用 I]

お金の役割

メリット

銀行口座がなくともスマートフォンで簡単に利用できる。

代金の支払い、法定通貨との交換も容易。

海外への送金が手軽にできる。

236

[おもな暗号資産]

ビットコイン（BTC）	サトシ・ナカモトという人物がつくり、2009年に登場。中央集権的な管理者を持たず、多くの参加者の相互承認によって取引が行われている。暗号資産市場全体の50％を占める。
イーサリアム（ETH）	スマートコントラクトというプログラムを実行する機能をもつ。ゲームなどさまざまな場面で利用されている。トークンという独自のコインをつくる機能もある。
テザー（USDT）	1テザー＝1アメリカドルで価格がほとんど変動しないステーブルコインの代表格。財団の運営に疑惑の目が向けられている面もある。
ソラナ（SOL）	分散型金融（DeFi）を実現するためにつくられたコイン。スイスに本拠地を置いている。
ドージコイン（DOGE）	柴犬系コインの先駆け。冗談としてつくられたものが、2021年に取引量が急増して有力コインとなった。モデルとなった柴犬の「かぼす」は2024年に永眠。

第8章 経済学と経済の新潮流

規制している国がある一方で、中米のエルサルバドルはビットコインを世界で初めて法定通貨にしたんだ。

本当にお金として使われているんだね。

投資の対象、データベースの活用なども行われています。

近年は、年金基金や投資信託などの機関投資家の間で、==暗号資産を投資に組み入れる動きが広がっています==。ビットコインは発行枚数が2,100万BTCと決められており、政府が好きなだけ発行できる法定通貨とは異なる点も魅力の一つです。

アメリカやスイスなどの国では、ビットコインやイーサリアムなどの暗号資産ETF（上場投資信託）が取引できます。2024年時点では、日本人は外国の暗号資産ETFを購入することはできませんが、分散投資の対象として期待する人も多くいます。研究者の間でも、暗号資産の価格に関する研究が増えています。株式と異なる値動きをするのであれば、分散投資の対象になります。

ただし、暗号資産は完全にバーチャルな存在です。ある日突然、無価値になるリスクもあることに注意しましょう。

[ビットコイン価格の推移]

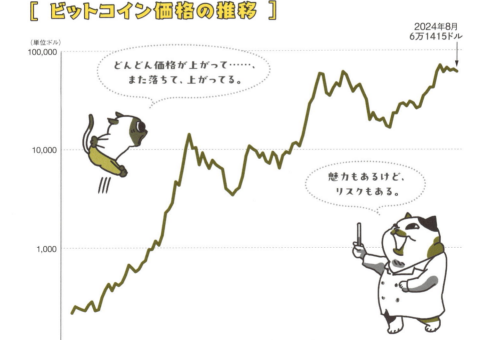

出所：Yahoo!ファイナンス

ビットコインは毎日攻撃を受け続けていますが、2009年の登場以来、一度も攻撃は成功しておらず、取引を記録したデータベースであるブロックチェーンは安泰です。データの改ざんや偽造ができず、安全性が維持されていることを利用して、==契約書や取引記録の保管==、==ダイヤモンドのトレーサビリティ==などに活用されています。

ブロックチェーンの活用も進んでおり、==保険や貿易事務==などで活用され始めています。従来の方法では多くの人が取引にかかわり、データの確認や訂正が頻発してきた分野で力を発揮しています。

［ 暗号資産の活用Ⅱ ］

ブロックチェーンを使った保険

従来の保険業務
- 紙ベースの処理が多く、煩雑。
- 仲介業者を介して加入。
- ミスや不正、問題が起こりやすい。

ブロックチェーン利用
- 契約内容をプログラムにより自動的に実行。（保険金の支払い可否、支払いなど）
- 保険会社の人件費、サーバーのコスト大幅減。
- 加入者の保険金請求の負担軽減。
- 仲介業者は不要。
- 不正請求を排除。

人間が何もしなくとも、あらかじめプログラミングされたとおりに保険金が支払われる。

電話したり、書類を書いて郵送したりしなくていいんだね。

！未来に役立つ学び

スイスのツーク近辺には振興策によりブロックチェーン関連企業が集まり、クリプトバレーと呼ばれます。行政、社会福祉、人々の健康管理、エネルギー関連など社会を大きく変革させるような展開、試みが進められています。

第8章 経済学と経済の新潮流

No91 新しい形のお金

デジタル通貨とはどんなもの?

電子マネーや暗号資産などが登場し、紙幣や硬貨を使う機会が減ってきて、現金はもう古いように感じる人もいるでしょう。これからの時代は、政府もデジタルなお金を発行したらいいと考える人もいるかもしれません。

実は、政府が発行するデジタルなお金は、国際的には中央銀行デジタル通貨(CBDC)と呼ばれ、すでに導入している国も出てきています。バハマのサンドドル、ナイジェリアのeナイラなどです。どんなものなのでしょうか。

[世界のCBDC実施状況]

※2024年9月現在

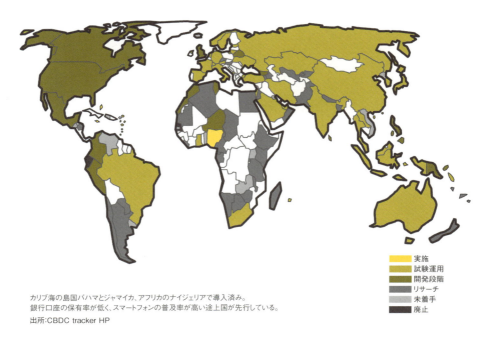

凡例：実施／試験運用／開発段階／リサーチ／未着手／廃止

カリブ海の島国バハマとジャマイカ、アフリカのナイジェリアで導入済み。
銀行口座の保有率が低く、スマートフォンの普及率が高い途上国が先行している。
出所：CBDC tracker HP

よみとき 現金同様に中央銀行が発行する電子形態の通貨です。

第8章 経済学と経済の新潮流

専門家が研究していたCBDCに注目が集まったきっかけは、2019年にフェイスブック社（当時）が「リブラ」というステーブルコインの取り組みを発表したこと。100か国以上で数億人が使う可能性のある「お金」の登場に、各国政府は危機感を抱いたのです。リブラ計画は取りやめになりましたが、各国でCBDC開発は進められています。

通貨がデジタルであれば、利用記録もデジタルで残り、データを活用できます。ビジネス面で注目されていますが、データは福祉政策や犯罪防止にも役立てられます。

CBDCを普及させるには、認知度の向上、使える場所と対応デバイスの拡大などが必要であり、長い時間がかかると見込まれます。完全に現金から切り替えるわけではなく、すでにCBDCを導入している国でも現金を廃止する予定はありません。

[デジタル通貨の実現に必要なもの]

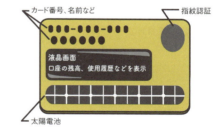

誰でも使えるプラスチック製カード
低コスト、無料配布も可能。

安心・安全に使える道具が必要。

現金のように誰でも使えることが大切だね。

! 未来に役立つ学び

中央銀行には人々が安心して使える安全な支払い手段を提供する義務があります。デジタル通貨の導入により解決できる課題も多く、新たなしくみ、制度づくりに向けて、多くの人々が議論を重ねることが重要です。

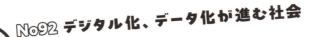

デジタル化によって社会はどう変わる？

デジタル化を進め、ビッグデータをより積極的に活用すべきとの議論が盛んに行われています。どんな意味合いやメリット、可能性があるのでしょうか。

身近な例では、スーパーやコンビニ、百貨店などに導入されている**POSシステム**があります。どの店舗でいつ何がいくらで、どんな顧客に売れたかといった膨大なデータが収集され、販売管理のみならず、企業の経営分析に役立っています。

こうした種々の膨大なデータは研究の分野でも活用できるようになり、従来の経済学では十分に説明できなかった現象を定量的に把握、分析する作業が進められています。ビッグデータの分析技術も向上し、可能性が広がっています。

[ビッグデータの活用例]

POS（Point Of Sale／販売時点情報管理）システム

商品の値上げにともなう顧客の行動、競合商品の売上の変化などまで細かく分析、予想できる。

勘と経験による判断よりも、客観的な裏付けがあるほうがリスクを抑えられる。

よみとき 多種多様なサービスがオンラインで早く受けられます。

ビッグデータの活用範囲は、行政全般、社会全体にまで広がっています。

==他国に先駆けデジタル政府を構築したのが、北欧のエストニアです==。国民は基本的にIDカードを使って行政手続きをオンラインで迅速に行うことができます。納税、教育、医療、警察など各分野の連携がなされ、政府のITプラットフォームで銀行をはじめとする民間サービスも展開されています。

==北欧諸国は公的医療制度におけるデジタル化の先導役として知られます==。スウェーデンの公式な健康情報ポータルは、医療アドバイスから医療機関の予約、処方箋取得などにまで活用され、国民のヘルスケアの効率化が進められています。

[エストニアのデジタル政府]

- 人口約136万人、面積は九州くらい。
- ほぼすべての行政手続きをオンライン化。
- 世界で初めて電子投票を国政選挙に導入。
- ITが主要産業のひとつ。ビデオ通話「Skype」などスタートアップが多い。
- データ交換基盤X—Roadに1,000以上の機関が参加。
- 毎年800年分の労働時間を削減。

病院ごとにたくさんの質問に答える必要がないんだね。

どこかの病院で一度、既往歴などを伝えれば、以降、受診する病院はそれを共有する。

! 未来に役立つ学び

日本のデジタル化は遅れているといわれますが、積極的に取り組み、生成AIの導入をスタートした大阪市、神戸市のような自治体もあります。労働力人口が減少するなかで業務の効率化が進められています。

第8章 経済学と経済の新潮流

No93 マルチモーダル化

いくつもの交通手段を組み合わせる目的は？

　自動車、電車、船、飛行機など交通手段には、所要時間や料金などそれぞれ特徴があります。**交通のマルチモーダル化とは、複数の交通機関が連携し、効率よく良好な移動環境が提供されるようにすることをいいます**。道路と鉄道、駅、空港、港湾などを結び、人の乗り継ぎや貨物の積み替えが円滑にできるようにします。
　なぜマルチモーダル化が必要なのでしょうか。
　日本では2000年から2020年にかけてGDPが2％上昇していますが、トラックの台数は12％も増えています。トラックが増えすぎた問題を解決するためにもマルチモーダル化は必要ですが、ほかにどんなメリットがあるのでしょうか。

［ 交通のマルチモーダル化とは ］

鉄道やバス、船、航空など複数の交通手段、形式を組み合わせること。

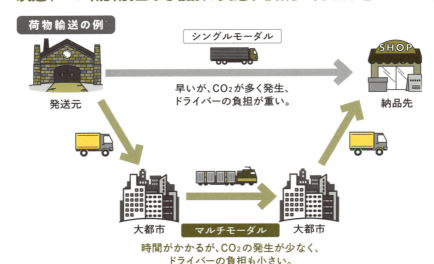

荷物輸送の例

シングルモーダル：早いが、CO_2 が多く発生、ドライバーの負担が重い。
発送元 → 納品先

マルチモーダル：時間がかかるが、CO_2 の発生が少なく、ドライバーの負担も小さい。
発送元 → 大都市 → 大都市 → 納品先

よみとき 現代社会の直面する課題解決につながると期待されています。

第8章 経済学と経済の新潮流

　利便性の高い自動車への依存度が高まるなか、交通渋滞、大気汚染やCO_2排出などの環境問題、エネルギー問題などが深刻化しています。マルチモーダルの取り組みが各国で進んでいるのは、移動の利便性向上に加え、こうした現代社会の課題解決につながると考えられているためです。

　環境面では、荷物1個を1km運ぶ際のCO_2排出量は船が最少、次に電車、トラック、飛行機の順に多くなります。輸送のスピード面では大方この逆の順になります。==経済効率と環境保護のバランスをとる方法がマルチモーダル化==。輸送の効率を高めるMaaS（Mobility as a Service）の取り組みとともに、移動のあり方が変わりつつあります。

［ マルチモーダル化のメリット ］

現状

- 交通渋滞による損失額は日本で年間12兆円（試算）。
- 温室効果ガス排出、騒音などの環境問題。
- 輸送効率の低下。

期待される未来

- 公共交通機関の利便性アップによる利用増。
- 鉄道貨物輸送の能力向上により分担率アップ。
- IT技術活用により複合システムを効率的に運用。

フランスでは鉄道路線と重複する短距離の国内航空便が2023年に禁止されている。

みんなが気持ちよく移動できるのが理想だね。

未来に役立つ学び

輸送部門で複数の交通手段を組み合わせる取り組みが進んでいます。今後は、「CO_2排出量が多いけれど早い方法」「少し時間がかかるけれどクリーンな方法」などを選択できるようになる見込みです。

No94 最後のトピック

経済と経済学の未来は？

　ここまで経済学の理論、世界経済、日本経済の歩み、最近の経済学の動向などを見てきました。ミクロ経済学では人々が自由に競争する市場がもっとも効率が良いことを学び、マクロ経済学では経済の把握や経済政策の効果を見てきました。
　私たちの社会は失業問題などさまざまな問題を抱え、気候変動のような新たな問題も出てきています。経済学は新しい課題に立ち向かおうとしていますが、そのなかでどんな方向に進んでいくのでしょうか。また、私たちの社会はどのように変わっていくのでしょうか。

デジタル化と分野の融合がキーワード。

　まずは未来の経済を予想してみましょう。デジタル化は今後もどんどん進んでいきます。将来は、私たちが生まれた瞬間からこの世を去るまで、すべての行動がデジタルデータとして記録され、処理されるようになります。
　学習、労働、余暇など、何かをしたいと思ったら、準備はすべて自動で進みます。旅行したいと思っただけで、食べ物の好み、服のサイズ、何日休めるかなどのデータはすべて蓄積済みですから、AIによって行き先やホテル、食事、服、交通機関などが自動で準備され、支払いも自動で済んでしまいます。
　経済学の未来は、さまざまな分野との融合がキーワードになります。本書でもすでに、心理学と融合した行動経済学、大脳生理学と融合した神経経済学を紹介しました。貿易取引の分野では、ブロックチェーンの利用が進みつつあります。金融の分野では、機械学習が取引戦略の構築に利用されています。

[デジタル社会の旅行]

データをもとに判断。
手ぶらで出発

旅先
好み、気分に応じた場所、宿を手配。

食事
好み、栄養バランス、体調に応じたものを選択。

旅行に行きたい！

頭の中で思っただけで、何でもできるようになる。

服
サイズ、好み、天候に合わせたものが毎日工場から届く。

便利だけどちょっとこわい感じもする。

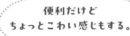

料金
自動精算、自動払い。

第8章 経済学と経済の新潮流

　経済は、個人、企業、政府などの経済主体のさまざまな行動が集まってできたものです。ですから、**将来は文系、理系を問わず、生活にかかわるすべての分野が経済学と融合するでしょう**。複数の分野を横断的にとらえることを「学際的」といいます。現在のように狭い分野を突き詰めて研究する人に加えて、広い分野を学際的に研究する人が未来の社会では重要になるでしょう。

　経済学とは、「生産－流通－消費」などの経済行動の分析を通じ、社会のしくみを知り、よりよい社会にする方法を考える学問です。社会というと大げさに聞こえますが、私たちひとりひとりの日常生活も経済学で考えることができます。本書で紹介した事柄は、人生の歩みのなかで生かすことができるのです。

 未来に役立つ学び

消費、投資など、経済学では日常的に使う用語がたくさん出てきますから、気軽に語れるような気がするかもしれません。しかし、専門用語にはきちんとした意味（＝定義）があります。本書を通して経済学に詳しくなると、日々のニュースも深く理解できるようになるでしょう。

おわりに

　ここまで読み進めていただきありがとうございます。本書を読んで経済学に対するイメージが変わったのではないかと思います。経済学はお金のことを学ぶものだと思われていますが、本当は、「選択行動の科学」という視点から社会のしくみを知ること、そしてよりよい社会にするための提案をする学問分野です。経済学には性善説も性悪説もありません。人間は状況に応じて行動原理を柔軟に変える生き物です。合理的という経済学のルールは、感情論をできるだけ排除するという意味もあります。合理的な行動原理を分析し、新しいルールやしくみを考えることで私たちの社会はよりよいものになる、というのが経済学の目的です。

　経済学には、古典派とケインズ派があります。2つの学派の主張は時に正反対です。ほかの学問分野では正反対の主張はどちらか1つだけが正しいのですが、経済学では両方生き残っています。それだけ私たちの社会が複雑であり、また、経済学には発展の余地があるということでしょう。第8章では、経済学の新しい動きをいくつか紹介しました。

　もともと経済学では、価格メカニズムや政府による政策の効果を中心に研究が進んできました。しかし、現在では、貿易などの国際的な取引、環境問題、企業の倫理的行動なども経済学で学びます。本書では省略していますが、移民などの国際的な人の移動、ビジネスルールなどの通商政策、統計や数学的な経済モデルなど、経済学はもっと広い範囲まで広がっています。

　本書を読むことで、私たちが置かれている社会の状況をより深く理解できるようになります。また、経済学の幅広いトピックを学ぶことで、多面的なものの見方を身につけることができます。たとえば、利潤最大化の点からは大量生産によるコスト低下は重要ですが、

環境面からは必要量を超えた生産は問題です。私たちはどのように考えたらいいでしょうか。現実の社会では、答えはひとつとは限りません。

　投資、費用、政策など経済学では日常的に使う用語も出てきます。しかし、経済学の専門用語にはしっかりとした定義があります。あいまいな理解のままで考えを進めると、現実の経済を正しくとらえることができません。気になる章をもう一度読み返してみてください。本書で学んだ経済学の知識が皆さんの人生に役立てばとてもうれしく思います。

　最後に、もっと勉強したい読者のために私の本を3冊紹介します。

1『これさえ読めばサクッとわかる経済学の教科書』（文眞堂）
　ミクロ経済学とマクロ経済学を1冊で学べるテキストです。演習問題も多く、公務員試験や経済学検定試験の1冊目のテキストに向いています。
2『ヨーロッパ経済の基礎知識2022』（文眞堂）
　EU（欧州連合)のしくみや主要政策、ヨーロッパ各国の経済状況、ユーロの解説など、最新のヨーロッパ経済を幅広く学べます。ヨーロッパ各地の写真も多数掲載しており、観光気分も味わえます。
3『これさえ読めばすべてわかる国際金融の教科書』（文眞堂）
　株式や債券など伝統的な資産だけでなく、金などの商品市場やフィンテックまで網羅しています。ライフプランやマネープランなども解説し、資産運用に役立つ1冊です。

東洋大学経済学部教授　川野祐司

さくいん

あ

逢引のジレンマ……65

アメリカ第一主義……154

アローの不可能性定理……69

アンカリング……229

暗号資産……85, 223, 236-240

一帯一路……136, 138

インセンティブ契約……67

インフレーション〈インフレ〉……37, 73, 102, 103, 134, 192, 193, 197

ヴェブレン効果……79

エージェンシー問題……66, 67

エシカル消費（倫理的消費）……161, 168, 169

エレファントカーブ……217

オイルショック……103, 155, 188, 190, 196-198

オイルマネー……137, 148

オークション……231, 234, 235

か

カーボン・クレジット市場……165

カーボンニュートラル……157, 165, 174, 179

カーボンフットプリント……169

外国為替市場……109, 122, 123

開放経済……24, 110

価格受容者＜プライステイカー＞……50

価格設定者＜プライスメイカー＞……50

下級財……36, 37

確証バイアス……228

課徴金減免制度……51

貨幣数量説……87

可変費用＜変動費＞……46, 47

為替リスク……127

為替レート＜レート＞……25, 109, 122-127, 130, 193, 195, 196

完全競争市場……30, 32, 50, 52, 53, 66, 68, 193

カントリーリスク……127

基礎消費……78, 79

供給曲線……33, 52, 59

均衡国民所得……89

均衡利子率……89

金融収支……111

金融政策……27, 73, 74, 86, 87, 89-92, 101, 153, 235

金融リテラシー……28

クズネッツの逆U字曲線……216

グリーンウォッシュ……167

グリーンフィールド投資……116

グリーンボンド……167

クリプトバレー……239

グローバリゼーション＜グローバル化＞……24, 27, 108, 113, 132, 133, 199, 209, 217

グローバルサウス……128

景気循環……74, 77, 104

経済成長……72, 74, 77, 104, 105, 113, 114, 129, 130, 137, 138, 140, 151, 156, 160, 162, 174, 215

経済成長率〈GDP成長率〉……77, 104, 105, 138, 151, 157, 184, 188, 191, 194, 196, 197, 212

経済の安定化……23, 73, 92

傾斜生産方式……193

経常収支……111, 198, 214, 215

ケインズ型投資関数……81

ケインズ経済学〈ケインズ派〉……72-75, 87, 92, 96, 97, 100-102

ゲリマンダー……69

限界収入……52, 53

限界消費性向……78, 79

限界生産力……45, 95, 97, 101

限界生産力逓減の法則……45

限界貯蓄性向……79

限界費用……31, 47, 49-53, 59

限界便益……31, 59, 60

公開市場操作……86, 235

公共財……15, 19, 23, 31, 58-61

公共事業……19, 23, 73, 82, 83, 101, 234

構造的失業……99

公定歩合操作……86

公的扶助……93

行動経済学……17, 222, 224-226, 246

高度経済成長（期）……104, 188, 190, 194, 195

効用……34, 35, 59, 62

効用最大化……35, 59

国際収支（統計）……27, 110, 111

国際取引……13, 24, 25

コストプッシュインフレ……73, 102, 103

固定（為替）相場制……130, 195

固定費用〈固定費〉……46, 47, 49, 106

古典派（経済学）……72, 73, 75, 87, 92, 95-97, 100, 101, 108

さ

サーチ理論……232

サービス取引……25

財市場……75, 87-89, 94

最終財……109, 112, 113, 117

再生可能エネルギー＜再エネ＞……138, 160, 162, 165, 172, 176, 177

財政政策……72-74, 82, 83, 89-92

債務の罠……139

裁量的政策……92

サブプライムローン……209

サプライチェーン……141, 212

差別価格……54, 55

産業政策……117, 163, 199

シェールオイル〈シェール革命〉……137, 148, 155

シェンゲン協定……145, 146

資金循環統計……27

資源の再配分……23, 73, 92, 93

市場均衡点……33

実験経済学……222, 230, 231

私的財……58, 59

251

自動安定化装置……92, 93

ジニ係数……93, 139

支配戦略（均衡）……64

自発的失業……99-101

資本財……109, 112, 113, 117, 125

資本取引〈資金取引〉……25

収益率……80, 81, 167

収穫一定……43

収穫逓減……43

収穫逓増……43

囚人のジレンマ……31, 62-65

重力モデル……108, 115

需要曲線……33, 35, 37, 52, 59

準備率操作……86

上級財……36, 37

証券投資……109, 126

勝者の呪い……235

消費関数……78, 79, 88

情報の非対称性……66, 67, 233

情報ハイウェイ（政策）……153, 207

所得の再分配……23, 73, 92, 93

神経経済学……222, 230, 231, 246

垂直的衡平……92, 93

水平的衡平……92, 93

スタグフレーション……103, 197

スプレッド……122

生産関数……43, 45, 105

世界銀行……131, 195

総供給曲線……103

総需要管理政策……102

総需要曲線……103

た

第一次所得収支……111, 214, 215

代替財……38, 39

第四次産業革命……189, 211

多国籍企業……108, 118, 119, 121, 133

タックスヘイブン……118, 119

ダブルアイリッシュ・ダッチサンドイッチ……119

地政学的リスク……149, 155, 180, 212

中央銀行……26, 75, 85-87, 131, 205, 223, 241

中間財……109, 112, 113, 117, 125

通貨市場……72, 75, 85, 87-89

ディマンドプルインフレ……73, 102, 103

デジタル課税……121, 154

デモンストレーション効果……79

電子商取引……25

投資関数……81, 88

独占企業……50, 51, 53

独占的競争……57

ドクターカッパー……184

な・は

ナッシュ均衡……64

ニクソン・ショック……190, 196

日米貿易摩擦……198, 199

ニューロファイナンス〈神経金融学〉……231

ネットワーク外部性……85

バーチャルウォーター……170, 171

バイオエタノール……157, 177, 179

ハイパーインフレーション……193

ハイパワードマネー……85, 86

バブル（経済）……189-191, 200-203, 206, 209

比較優位の原則……108, 115

非競合性……58

非自発的失業……97, 99-101

ビッグデータ……211, 223, 242, 243

非排除性……58

ヒューリスティック……226-229

付加価値……76

不完全競争市場……30, 52, 54

ブラウンフィールド投資……116

プラザ合意……190, 200, 201

フリーライダー……60, 61

不良債権……189, 205

フレーミング……225

プロスペクト理論……224, 225

ブロックチェーン……20, 239, 246

平均可変費用……47

平均固定費用……47, 49

平均費用……47, 49

閉鎖経済……24, 110

米中貿易摩擦……139, 154

ペティ＝クラークの法則……128, 129

変動（為替）相場制……130, 196

貿易協定……117

貿易収支……111, 125, 214

貿易取引……13, 25, 246

法定通貨……85, 122, 236-238

補完財……38, 39

ポンジスキーム……220

ま

マクロ経済（学）……24, 72-105, 110, 230, 246

摩擦的失業……99

マッチング理論……222, 232, 233

マネーストック……85-88, 90, 91

マルチモーダル化……223, 244, 245

ミクロ経済（学）……30-69, 112, 230, 246

民間銀行……75, 85, 86

無差別曲線……35

モニタリング……67

モバイルマネー……150

や・ら

輸出志向型工業化政策……156

輸入代替工業化政策……156, 157

予算制約線……35

ライフプラン……28, 70, 134

ラチェット効果……79

リーマンショック……190, 206, 209

利潤最大化（条件）……41, 49, 50, 52, 53

利子率……80, 81, 87-91, 126, 127

リボ払い……186

リンダールモデル……60

リンダ問題……227

累進課税……93

レアアース＜希土類元素＞……161, 185

レアメタル……161, 182, 183

労働供給曲線……94-97, 100

労働市場……72, 75, 94, 96-98, 100, 101, 232

労働需要曲線……94-97, 100

労働の限界不効用……95

ローカルコンテンツ規制……117

英字

AI〈生成AI〉……113, 123, 153, 191, 211, 243, 246, 247

ASEAN／東南アジア諸国連合……136, 140, 141

BIS／国際決済銀行……131

BRICS……138, 208, 216

CBDC／中央銀行デジタル通貨……85, 240, 241

ESG（経営）……21, 166, 167

EU／欧州連合……51, 136, 142-147, 164, 168, 175

EU-ETS……164

FIT／固定価格買取制度……176, 177

GDP／国内総生産＜1人当たりのGDP＞……26, 27, 73, 74, 76-78, 82, 83, 87-92, 102-105, 128, 129, 136-140, 142, 144, 145, 151, 152, 156, 157, 163, 190, 191, 194, 206, 213, 216, 244

GNP／国民総生産……194

ICT／情報通信技術……137, 151, 207

IMF／国際通貨基金……109, 130, 131

IoT……211

IS-LMモデル……88, 89, 91

IS曲線……88-91

LM曲線……88-91

M-Pesa……150

OECD／経済協力開発機構……121, 154, 194, 216

OPEC／石油輸出国機構……137, 148, 172, 196

POS（システム）／販売時点情報管理……223, 242

PRI／責任投資原則……166

RPA／ロボットによる業務自動化……45, 211

SDGs／持続可能な開発目標……168, 216

SWF……149

WTI……155, 212

WTO／世界貿易機関……109, 131, 133, 154

参考文献

『大学4年間の経済学が10時間でざっと学べる』井堀利宏（KADOKAWA）

『高校生からわかるマクロ・ミクロ経済学』菅原晃（河出書房新社）

『マンキュー入門経済学（第2版)』N・グレゴリー・マンキュー（東洋経済新報社）

『ゼロから始める経済学入門』角田明義監修（KADOKAWA）

『知識ゼロからの経済学入門』弘兼憲史著　高木勝監修（幻冬舎）

『戦後日本経済史』野口悠紀雄（新潮社）

『日本経済誌1600-2015　歴史に読む現代』浜野潔、井奥成彦、中村宗悦、岸田真、永江雅和、牛島利明
（慶応義塾大学出版会）

『データブック オブ・ザ・ワールド 2024年版 世界各国要覧と最新統計』(二宮書店)

参考サイト

財務省	J-FLEC(金融経済教育推進機構)	FAOSTAT
内閣府	金融広報中央委員会「知るぽると」	Eurostat
総務省	JPCA石油化学工業協会	中国統計年鑑
金融庁	日本経済新聞社	米国商務省
国土交通省	Yahoo! ファイナンス	米国農務省
外務省	CFPプログラム	米国労働統計局
厚生労働省	世界銀行	米国地質調査所
経済産業省資源エネルギー庁	OECD	Global Semiconductor Alliance
特許庁	IMF	CBDC tracker
日本銀行	国際連合	Energy Institute

● 監修者プロフィール

川野祐司（かわの ゆうじ）：1976年大分県生まれ。東洋大学経済学部国際経済学科教授。日本証券アナリスト協会認定アナリスト（CMA）。英国宝石学協会特別会員（FGA）。専門は金融政策、国際金融論、ヨーロッパ経済論。大学ではアセット・マネジメントの講義も担当している。
著書に『これさえ読めばサクッとわかる経済学の教科書』『ヨーロッパ経済の基礎知識2022』『これさえ読めばすべてわかる国際金融の教科書』（いずれも文眞堂）などがある。

● 執筆協力：三橋志津子
● 本文デザイン：高橋里佳（Zapp!）
● 本文イラスト：浅野知子
● 編集協力：ロム・インターナショナル
● 編集担当：山路和彦（ナツメ出版企画）

本書に関するお問い合わせは、書名・発行日・該当ページを明記の上、下記のいずれかの方法にてお送りください。
電話でのお問い合わせはお受けしておりません。
● ナツメ社webサイトの問い合わせフォーム　https://www.natsume.co.jp/contact
● FAX（03-3291-1305）● 郵送（下記、ナツメ出版企画株式会社宛て）
なお、回答までに日にちをいただく場合があります。正誤のお問い合わせ以外の書籍内容に関する解説・個別の相談は行っておりません。
あらかじめご了承ください。

ナツメ社Webサイト
https://www.natsume.co.jp
書籍の最新情報（正誤情報を含む）は
ナツメ社Webサイトをご覧ください。

経済学よみとき図鑑　お金にまつわる疑問を経済理論で解明する

2025年3月5日　初版発行

監修者	川野祐司	Kawano Yuji, 2025
発行者	田村正隆	
発行所	**株式会社ナツメ社**	
	東京都千代田区神田神保町1-52　ナツメ社ビル1F（〒101-0051）	
	電話　03（3291）1257（代表）　　FAX　03（3291）5761	
	振替　00130-1-58661	
制作	**ナツメ出版企画株式会社**	
	東京都千代田区神田神保町1-52　ナツメ社ビル3F（〒101-0051）	
	電話　03（3295）3921（代表）	
印刷所	**ラン印刷社**	

ISBN978-4-8163-7667-2　　　　　　　　　　　　　　Printed in Japan

〈定価はカバーに表示してあります〉〈落丁・乱丁本はお取り替えします〉
本書の一部または全部を著作権法で定められている範囲を超え、ナツメ出版企画株式会社に無断で複写、複製、転載、データファイル化することを禁じます。